Herstellung und Verlag:
BoD - Books on Demand, Norderstedt
ISBN 978-3-8370-7220-4

Frauen sind wie Kartoffelsalat

Frauen sind wie Kartoffelsalat auf einer Party, bei der jeder etwas mitbringt. Es gibt immer einen Kartoffelsalat, der kaum beachtet wird, der am Ende übrig bleibt. Das ist meistens der Kartoffelsalat, der langweilig aussieht, fad schmeckt, irgendwie nicht aufregend ist. Mit viel Mayonnaise, überhaupt ist von ihm auch immer zu viel da. Der Kartoffelsalat steht dann so rum, sagt kaum was, während alle anderen Salate immer weniger werden. Die Party neigt sich dann dem Ende zu, der langweilige Kartoffelsalat steht immer noch da. Irgendwann stürzen sich dann die letzten besoffenen männlichen Gäste auch auf diese letzte Schüssel, verzehren den unscheinbaren, faden, langweiligen Kartoffelsalat mit einem Heißhunger, aber ohne Würstchen, die waren nämlich schon lange weg. Dabei sagen sie dann Sachen wie: „Mann, du bist echt der beste Kartoffelsalat, den ich je gegessen habe, ehrlich!"

Am nächsten Morgen liegen sie dann neben dem Salat, ihnen ist schlecht, sie fühlen sich wie das Opfer aus der Gervais-Obstgarten-Werbung und bedauern zutiefst, den fetten Kartoffelsalat überhaupt angerührt zu haben.

Wie anders ist es da doch mit den exotischen Ingredienzien auf einer Party!

Franziska und Jerome kommen gerade von ihrer Toskana-Reise zurück und bringen ihren toskanischen Kartoffelsalat mit. Nicht ohne dass dieser groß angekündigt wird: „Der ist ganz leicht, mit Estragon und selbstgepresstem Olivenöl!" Da stürzt sich doch sofort jeder mit einem großen Hallo drauf. Oft genügt auch nur das gewisse Etwas, eine schöne Garnitur, und schon ist der so herausgeputzte Kartoffelsalat der Star jeder Party. Auf die inneren Werte gibt wieder niemand etwas.

Wenn es auf einer Party heißt: „Das ist Begonia, Au Pair-Mädchen aus Brasilien, die sich mit Modeln etwas Geld verdient. Sie spricht kein Deutsch, möchte aber unbedingt Land und Leute kennen lernen", kann man sicher sein, dass sie nicht lange um Anschluss betteln muss.

Dass sie eigentlich strohdoof ist, ist erst mal vollkommen unwichtig.

Manchmal ist es aber auch so, dass der Kartoffelsalat nur scheinbar ein ganz besonderer ist. Da stellt Gaby ihren Salat vor: „Der ist aus Kartoffeln, die ich selbst gezüchtet habe. Genau wie die Gürkchen, die hab ich selbst eingelegt. Und als ich die Mayonnaise angerührt habe, war ich nackt." Schon ist fast nix mehr vom Salat übrig, der nichts Besonderes ist, aber als solcher verkauft wurde.

Etwas Ähnliches habe ich mal in einer Bar erlebt, da gab es zwar keinen Kartoffelsalat, aber dafür Menschen. Nämlich dieses Pärchen: Sie sitzt ihm leicht gelangweilt gegenüber, sie haben sich scheinbar erst vor kurzem kennen gelernt, aber schon nichts mehr zu sagen. Bis er sich plötzlich durch eine Äußerung quasi zum toskanischen Kartoffelsalat macht: „Ich gehe hier ja auch so gerne hin, weil die hier ausschließlich Jazz spielen. Ich stehe unheimlich auf Jazz. Jazz ist viel gefühlvoller als andere Musik. Nur bei Jazz kann ich wirklich weinen." Solche und andere Sinn-Sülze quillt da aus ihm heraus, aber sie schmilzt vor ihm dahin, fünf Minuten später sehen wir sie wild knutschen, zehn Minuten später verlassen sie Arm in Arm das Lokal. Und geweint hat er nur ein einziges Mal, und zwar als sein Fußballverein abstieg. Doch für sie war er auf einmal der locker-leichte Kartoffelsalat aus biologischem Anbau mit Petersiliengarnitur, Cornichons statt Gürkchen und schön drapierten Radieschen, die wie kleine Mäuschen aussehen.

Es ist nur eine Frage der Zeit, bis sie feststellt, dass er eigentlich von Merl, Homann oder Zott kommt und aus einem Fünf-Liter-Party-Eimer stammt.

Doch was erkennen wir sofort? Männer sind eigentlich auch nichts anderes als Kartoffelsalat.

Die Sesamstraßenbahn

Neulich, da sitze ich in der Straßenbahn, wie immer leicht gelangweilt, da klingelt neben mit ein Handy. Ein junger Mann mit dem Gesichtsausdruck eins Schafes geht an sein Mobiltelefon. Er fängt an zu sprechen. Und da wird mir klar: Ich sitze in der Sesamstraßenbahn; neben dem leibhaftigen Grobi!". Es ist nicht nur wie er spricht. Es ist auch das, was er sagt:

„Hallo? Ach Mama. Ja, ich komm gleich nach Hause. Oh, lecker! Ja, ich wollte nur noch kurz zum Saturn ein Geschenk für den Jonas kaufen, dann komm ich. Nein, ich bin noch nicht da, noch bin ich hier. Na in der Straßenbahn. Nein, dort bin ich erst in so etwa 10 Minuten, noch fahre ich hier in der Bahn. Wenn ich dort bin, kaufe ich das Geschenk, das geht ja hier nicht, oder hast Du schon mal in der Straßenbahn eine CD gekauft?! Nein, das geht hier nicht, das mache ich dann da. Wenn ich da bin, kann ich Dich ja noch mal anrufen, ist grad so laut hier. Na da, hier ist es zu laut. Dort ist es dann etwas leiser, da kann ich Dich besser verstehen als hier. Immer noch in der Bahn.
Ja, ich war auch beim Frisör. Aber Mama! Haareschneiden tut doch nicht weh! Also, ich rufe Dich gleich noch mal an. Ja, jetzt telefonieren wir und gleich rufe ich Dich noch mal an."
Grobi. Neben mir. In der Linie 5. Und er ist nett zu seiner Mutter. Während er ihr noch eine Weile den Unterschied zwischen „Hier" und „Dort"

erklärt und den richtigen Gebrauch von „Jetzt"
und „Gleich", schwebe ich in der sanften Glück-
seeligkeit eines Kindes dahin, das sich immer
den phantasiezerstörerischen Realismen der
Eltern widersetzt hat. Ich wusste es damals
schon, heute saß der Beweis neben mir: Es sind
keine Puppen. Es sind echte Jugendliche, die in
Kostüme gesteckt werden, in der Sesamstr..
Außer Samson. Kein Mensch kann sich nur von
Würstchen ernähren. Allerdings hätte es mich
auch nicht gewundert, wenn der zugestiegene,
doch sehr beleibte Fahrkartenkontrolleur ge-
schnauft hätte „Uiuiui, ich hoffe, Ihr habt alle
Fahrkarten!" und gleich seinem Pendant, dem
überdimensionierten Frottee-Boliden, angstvoll
die Augen gerollt hätte.

Gut, die Pubertierenden wurden sicherlich immer
wieder ausgetauscht, sie wurden ja auch älter.
Tiffi, die in der Sesamstraße aussieht wie der auf
links gekrempelte Dickdarm eines Gänsegeiers
im Fleischwurst-rosafarbenen Bastelkrepp, ist
sicher irgendwann Lehrerin für Mathe und Päda
geworden, fährt einen rosa Twingo und hat keinen Freund.
Herr von Bödefeld ist wahrscheinlich Hausmeis-
ter und kann weiter kleinen Kindern Angst machen. Und wenn mich nicht alles täuscht, hat
Hans Eichel früher den Graf Zahl gegeben. Und
Dirk Nowitzki war früher dieser große gelbe
Vogel Bibo. Früher tuckte er als überdimensio-
nierter gelber Sack mit Kopfkissenfüllung durch
die Sesamstraße, heute ist er ein gefeierter Bas-

ketball-Star. Nur der Gesichtsausdruck ist irgendwie derselbe geblieben...

So denke und sinniere ich weiter und beschließe die Augen offen zu halten. Ernie und Bert haben sich wahrscheinlich doch irgendwann geoutet und wohnen als eine Art Moosgummi-Mutanten in einer Hermaphroditen-WG. Allerdings hatte und habe ich vor Bert und seiner doch unmissverständlich phallischen Kopfform immer etwas Angst. Ich bin übrigens der Meinung, dass Jim Henson bei seiner Schaffung ein schlimmes Leiden hatte und viele, viele Zäpfchen nehmen musste. Nur so kann dieser Kopf entstanden sein...

Wir sehen, dass das normale Leben gar nicht so weit entfernt ist vom Tun und Treiben in der bunten Welt der Sesamstraße. Haltet also die Augen auf gebt acht, wer in der Bahn zusteigt. Vielleicht sind es ja auch mal die netten Kollegen von der Muppet-Show...

An einem Orte den ich mag

(dem Cafè Storch in Köln gewidmet)

An einem Orte den ich mag
Den Menschen meine Meinung sag'
Manchmal woll'n sie applaudieren
Manchmal einfach auch nur stieren
Wo einem keiner Schnaps aufzwingt
Und die Kellnerin auf meinen Wink
Mein kühles Bier beschwingt schnell bringt
Wo Louis Armstrong knötrig singt
Und einem Dichter mit Instinkt
Montags mal ein Reim gelingt
Wo Kerzen tropfen schon seit Jahren
Ein Poet belohnt wird mit viel Barem
Eine Kneipe ohne Yuppies
Ein Aquarium ohne Guppies
Statt dessen Äpfel, Apfelsinen
Die ohne jegliches Genieren
Fangen an zu fermentieren
Wo der Chef mit Hemd und Brille
Bei dem ich montags meinen Bierdurst stille
Lachend an der Theke steht
Nein, lächelnd, grinsend, weit und breit
Um zwölf verkündet: „Dichterzeit!"
Ein Mensch wie ich, im Geiste forsch
Ist gerne hier, er mag das Storsch!

Dr. Best ist tot

Am 26 Juni verstarb der sympathische Zahnarzt und Gemüsefreund Dr. James Earl Best im Alter von 78 Jahren an einem Krebsleiden. Angeblich. Warum angeblich werde ich später erläutern. Wir wollen zunächst einem Menschen huldigen, der immerfort als Werbeikone, Schauspieler, dann aber schlechter, oder Pseudo-Werbe-Onkel heruntergespielt und diffamiert wurde.

Er war weit mehr als das. Es gab ihn wirklich, weshalb dieser Text auch voll echter Trauer und teilweise unter Tränen entstanden ist.

Dr. Best war bis 1993 Chefarzt an einer der Universitäten in Loyola in Illinois. In Loyola! Welch ein Fingerzeig, fast schon ein wörtliches Mahnmahl auf seine Loyalität gegenüber dem menschlichen Zahn! Und jetzt raten Sie mal, welcher Fachbereich ihm unterstellt war!

Richtig und doch kaum glaubhaft: Es war die Zahnmedizin.

Dort hat er sich der Erforschung der perfekten Zahnbürste verschrieben, belächelt von seinen Kollegen, umschwärmt von deren Zahnarztfrauen, geliebt von den Kindern ob seines putzigen Schnäuzers, vergöttert von der Süßwarenindustrie.

Bald emanzipierten sich die Zahnarztfrauen, um es Dr. Best gleich zu tun und stiegen ebenfalls in die Werbebranche ein, um fortan für Perlweiß ihr neu gewonnenes und emanzipiertes Lächeln in die Kamera zu grinsen.

Sie erreichten jedoch nie eine solch positive Wirkung wie die ihres Idols, Dr. James Earl Best, der es sogar schaffte eine Prise Zen-Buddhismus in die konsumorientierte Werbelandschaft zu bringen. Erinnern wir uns: „Die klügere Zahnbürste gibt nach!" Ein Satz wie eine Botschaft. Ein Satz, der Weltfrieden und Erlösung für alle ahnen lässt. Dr. Best war wahrlich ein Prophet. Ein Menschenfreund und sicherlich auch ein liebevoller Vater und gehorsamer Sohn.

Ein Mann mit Visionen. „Die klügere Zahnbürste gibt nach!" spricht er mit sanften Rehaugen in die Kamera und drückt seine Schwingkopfbestückte Zahnbürste gegen eine Tomate. Ich erinnere mich genau an das erste Mal, als ich diese Werbung sah. Ich hatte Angst. Angst um diese arme und völlig unschuldige Tomate. Gleich würde er sie zerquetschen, zerfleischen und erdrücken. Doch nichts geschah. Ich lernte an diesem Tag einiges. Was für eine Zahnbürste ich mir nun kaufen sollte, war dabei allerdings zweitrangig. Ich habe gelernt, dass eine Tomate auch Leben ist und Verschonung und Sanftmut verdient hat.
Später sah ich in Dr. Best mit seiner Zahnbürste sogar eine gewisse Ähnlichkeit mit Ghandi.

Sein Weitblick lässt sich auch dann erahnen, wenn man bedenkt, dass er nicht die eine perfekte Zahnbürste gesucht hat, sondern die richtige

10

Zahnbürste für jeden unterschiedlichen Typ Mensch. Nach seinem Tod hat seine Firma löblicherweise an diesem Ziel festgehalten und interessantes Zahnpflegewerkzeug entwickelt. Einige verdienen es hier genannt und mit Applaus überhäuft zu werden:

Die Kinderzahnbürsten, die sogar Zahnputzmuffeln die Freude am Schrubben nahebringt, mit auswechselbaren ClipOn-Figuren. Es sind die - Achtung, geniales Wortspiel - Dr. Best Best Friends. Die Firma schreibt dazu: „Sie hat alle Vorteile der Dr. Best Milchzahn (eine andere Bürste aus dem Hause des sympathischen Dentalhygienikers) und sieht aus wie vertraute Tierfiguren, Dino, Katze, Elefant und Känguru.
Wer hätte früher gedacht, dass man sich mal mit einem Känguru die Zähne putzen kann!

Zahnbürste ist eben nicht gleich Zahnbürste, so klingt es bei Dr. Best: „Durch die spezielle Kombination aus sorgfältig abgerundeten, dichten Borstenbüscheln und sanft wischenden Soft-Lamellen entfernt die Dr. Best Brillant Beläge effektiv und gleichzeitig schonend von den Zahnoberflächen.“

„… dichten Borstenbüscheln und sanften Soft-Lamellen“ – allein das klingt doch mehr wie ein Gedicht als Werbung...

Dem Forscherfleiß entsprangen noch andere wohlklingende Innovationen:

- Der Anti-Rutsch-Griff. Wie oft ist uns nicht schon die schlüpfrige Bürste aus den Händen geflutscht, wie oft riefen wir aus: „Ach da soll doch endlich mal jemand was gegen machen!"
- Die Dr. Best Interdent mit ihrem genialen „Hoch-Tief-Borsten-Profil"
- Die Flex-Plus mit der Flexzone
- der X-Sensorkopf
- und nicht zuletzt die Königin unter den Zahnbürsten: Die Dr. Best Brillant! Erhältlich in hart und mittel!

Was wäre denn noch als nächstes gekommen, mit welchen Produkten hätte er uns mit Freude und in Scharen in die Badezimmer gelockt, in denen wir uns bei duften Zahnputzpartys gegenseitig den Belag von den Zähnen gebürstet hätten?
Etwa die Zahnbürste mit Internetverbindung?
Die automatisch jedes kleinste Fleckchen Karies entdeckt hätte und uns sofort, online, einen Termin beim Zahnarzt gemacht hätte?
Oder die biologisch abbaubare, genetisch unbedenkliche Öko-Zahnbürste?

Dr. James Earl Best wurde uns genommen und hinterlässt eine klaffende (Zahn)-Lücke.
Nie wieder werden wir solche Bonmots aus seinem gepflegten Mund hören wie: „Die Dr. Best Forschung stellt fest: Die Zunge ist wie ein Schwamm!"

So viele falsche Fuffziger bevölkern die Mattscheibe im Werbefernsehen: Herr Kaiser, Meister Proper, der eklige Melitta-Mann, Peter von Frosta und das Deutschländerwürstchen in Form von Onkel Dittmeyer. Warum konnten die nicht ins Gras beißen. Zumal sie alle nicht echt waren sondern nur unzulänglich gespielt von halben Schauspielern. Der Melitta-Mann übrigens von Egon Wellenbrink, dessen Tochter im Fernsehen live ihr Kind gebären wollte. In Farbe und mit Nachgeburt.

Dr. Best war echt und dass er als Fernsehikone in die Geschichte eingehen musste, war schon bei seiner Geburt klar:
Er wurde am 3. April 1924 geboren und wissen Sie, wer an genau dem gleichen tag ebenfalls das Licht der Welt erblickte? Ich verrate es ihnen: Marlon Brando und Doris Day.

Ein ebenso großer Tag wie der 26. Juni 2002 ein trauriger ist.

Ab einem Krebsleiden sei er gestorben, sagte man uns. Die wahren Gründe werden jedoch immer im Schatten der Konspiration bleiben müssen, davon bin ich überzeugt.
Vielleicht war es Blendi, der kleine Dentagard-Biber, der sich rasend vor Eifersucht über die ungeheure Popularität Dr. Bests in eine morden-de Bestie verwandelte? Vielleicht waren es die Scharen von vermeintlichen Kollegen, deren Frauen sich nun als emanzipierte Zahnarztfrauen ein Leben in Saus und Braus, vor allem aber ohne Zahnarztmann gönnen wollten, die ihn als regelrechten Lynchmob hinrichteten?

Vielleicht war es auch die Lobby der niederländischen Tomatenzüchter, die im Werbespot ihre Tomate als harte unnachgiebige Frucht verunglimpft sahen? Wer weiß, es wird wohl nie geklärt werden.

Ich aber lebe seither nur noch nach einem Motto und möchte dies an Sie herzlichst weitergeben: Die klügere Zahnbürste gibt nach!

Filmzitate

Sie kennen das doch bestimmt auch: Man steht in der Supermarktschlange und eine kleine hutzelige süße Oma bittet einen vorgelassen zu werden, sie hat doch nur einen Magerquark und ein paar „Kleinigkeiten". Natürlich lässt man sie vor, man wurde schließlich gut erzogen. Die Oma ist nicht gut erzogen worden, die Kleinigkeiten entpuppen sich als nicht weniger als ein komplett vollgepfropfter Einkaufswagen inklusiver auslaufender Buttermilch. Selbstverständlich bezahlt sie mit dem Kleingeld aus dem Sparschwein, die Kassiererin ist ein von der Situation als auch sonst mental total überforderter Azubi, in dessen Kopf ständig nur der Gedanke kreiselt: „Ich hätte die Pille gestern im Tarmcenter doch nicht nehmen sollen, dann würde mich jetzt nicht ständig der Harzer Rollkäse auslachen…"
Wie gesagt, man ist gut erzogen und obwohl man einen Hals hat wie Günther Netzer flippt man nicht aus, weil man die Situation keinem Richter erklären könnte. Statt dessen ist man auf der Suche nach dem Spruch, mit dem man sowohl Dampf ablassen und alle Umstehenden auf seine Seite ziehen könnte ohne wegen Randale verhaftet zu werden. Aber was fällt einem ein? Nix.
Ach wär' das Leben doch ein Film. Da würde man dann in so einer Situation folgendes sagen: „Ich werde diese Hütte in eine Geisterbude verwandeln, wenn Sie versuchen sollten mich zu verarschen!" (From Dusk till Dawn)

Na gut, vielleicht ist das etwas zu extrem, wäre aber schön. Vielleicht sollte man sich sofort, wenn die Omi das Wort an einen richtet, bei Jean Paul Belmondo aus dem Film Der Halunke bedienen:

„Entzückt Sie kennen zu lernen, ich hatte immer schon eine Schwäche für Runkelrüben."

Waren wir dann im Supermarkt und gehen später mit einem guten Freund, der schon lange keine Freundin mehr hatte in die Kneipe. Dort sehen wir dann ein Fräulein, das ausgezeichnet zu unserem Kumpel passen könnte. Doch der hat natürlich wieder die obligatorischen Hosen zu Hause gelassen und traut sich nicht sie selbst anzusprechen. So müssen wir das für ihn übernehmen und wir würden ihr erzählen, was für ein netter Kerl er ist, nichts gegen Kinder hat, noch nie in eine Schlägerei verwickelt war, ein schickes Auto fährt und auch mal selbst den Müll runterbringt. Wir würden uns den Mund fusselig reden. Schneller und auch sicher effizienter geht es im Film, da hat man sowieso nie Zeit. Außer in mongolischen Experimentalfilmen. Doch um die geht es nicht. Warum soll es denn nur im Film klappen? Wir haben Casablanca alle gesehen, warum nicht in so einer Situation auf den Filmfilm schlechthin zurückgreifen?
„Mademoiselle, er ist der Typ Mann, in den, wen ich eine Frau wäre und es mich nicht gäbe verlieben würde" Zack! Da hamwers! Er steht gut da, man selbst steht gut da und schon ist man fast Trauzeuge!

Fragt die nette Dame allerdings, ob man nicht selbst eventuell an einer Beziehung interessiert wäre, wird man einfach etwas harscher. Oder ehrlicher.

„Nein Danke. Keine emotionalen Verwicklungen mehr. Ich wälze mich im Frauenfleisch wie ein Schwein im Klee", sagen wir ihr dann und sehen von ihr nur noch einen Kondensstreifen. Oder auch nicht, aber dann ist sie auch nichts für unsren besten Freund.

Der ist gerade, ob seiner langewährenden Abstinenz was emotionale Verwicklungen angeht gerade etwas deprimiert und lethargisch und will aufgebaut werden. Vergesst Sprüche wie „Wird schon wieder, andere Mütter haben doch auch schöne Töchter, auf regen folgt Sonnen schein" und ähnliche sinnentleerte Worthülsen. Nehmt ihn, rüttelt ihn und gebt ihm folgenden Auftrag: „Schlag Deine Zähne in den Arsch des Lebens – und zieh ihn zu Dir heran" heißt es in Big Night und der Film hat recht.

Wenn er dann allerdings immer noch trüb aus der Wäsche guckt und vor sich hinwinselt, ist vielleicht wirklich Hopfen und Malz verloren. Aber es muss ja nicht mit allem Schluss sein. Wenn schon kein Kneipenaufriss mehr, dann doch etwas ruhiges, vielleicht erstmal nur kuscheln und eine Frau zum gemeinsamen Alfredissimo-Gucken einladen. Dann kann man im er noch das eben gelernte nachkochen und einen echt gemütlichen Abend verbringen. Der schnelle Eddie, alias Pul Newman bringt es in „Die Farbe des Geldes auf den Punkt:

„Wenn Du zu alt bist, den Senf zu vertragen, kannst Du immer noch am Glas lecken."

Mal was anderes: Ich habe mich immer gefragt, was ich an Joggern so doof finde. Der Film „Night Visions" brachte die Erleuchtung:
„Gott ich hasse Jogger! Sie haben nichts ausgefressen und doch rennen sie…"
Ich hoffe, ich bin mit meiner Rede keinem Jogger oder sonst wem auf den Schlips getreten. Und wenn doch und mir gleich jemand entgegentritt, ich soll doch bitte nicht so einen Scheiß verzapfen, dann baue ich mich vor ihm auf sage mit tiefer Stimme das, was ich in einem Western gesehen habe, dessen Titel mir allerdings entfallen ist:
„Ziemlich freche Rede für einen Mann, der keine Pistole trägt." Damit sollten dann doch alle Probleme gelöst sein. Und wenn nicht und fandet das alle doof, dann gilt für Euch mein Schlusszitat aus Das lange Elend
„Ich hoffe, dass all Ihre Kinder kleine Pimmel kriegen. Und das gilt auch für die Mädchen."

Flinki der Maulwurf

Der selbstverliebte und ichzentrierte Mensch glaubt ja das er der einzige wäre mit Religion und Gott und so. Außer Kindern, die glauben noch an den Hundehimmel. Was die wenigsten wissen, sie haben Recht. Hunde kommen nach ihrem Tod in den Hundehimmel und dürfen den ganzen Tag Postboten und Autos jagen. Doch um Hunde soll es hier nicht gehen. Alle Tiere haben Religionen, die meisten sind genauso lustig wie die der Menschen. Die Maulwürfe sind so etwas wie Hindus. Es gibt bei ihnen ebenfalls das System der Wiedergeburt. War man gut, wird man als Maulwurf auf einer unberührten schottischen saftigen Wiese wiedergeboren, war man böse kommt man erneut zur Welt in Afrika als Nacktmull. Der Nacktmull ist ein extrem hässliches dem Maulwurf verwandtes Tier ohne Freunde. Vielleicht kommt man sogar in den Zoo und wird von blöden Kindern in zu bunten Jacken, zu großen Hosen, zu hohen Schuhen und zu lauten Handys angeglotzt. Sie denken das wäre der Gipfel an bad Karma for a Maulwurf? Dann lassen Sie sich nun eines besseren belehren. Dies ist die traurige Geschichte von Flinki dem Maulwurf.

Flinki war nicht gerade sehr ehrgeizig. Er war der lazy bone der Maulwürfe. Ein schlimmer

Finger, ein fauler Hund, obwohl er ja ein Maulwurf war. Nie grub er mit wenn es ums große Graben ging, zum kollektiven Buddeln, zum Gänge machen und Haufen auf die Wiese produzieren. Er setzte sich einfach immer in ein gemachtes Nest und sagte dann er wäre zuerst da gewesen. Ein wahrer Schuft, dieser Flinki. Nachts, da schlich er sich immer in die Bar seiner Eltern und trank alle Spirituosen aus um seinem Körper etwas gutes zu tun. Am nächsten Morgen hatte er dann meist einen bösen Kater und wollte erst recht nicht helfen und die Familie unterstützen. Bad Boy Flinki. Er wollte noch nicht einmal seiner Oma beim Einkaufen die schweren Tüten tragen. Was für ein mieser Maulwurf. Was für ein mieser missgelaunter, misanthropischer, maximalmäkelnder Maulwurf dieser Flinki doch war. Für Frauen interessiert er sich nicht, da müsste man sich ja anstrengen, eine gute Figur machen, nett sein, Geschenke machen, höflich sein, die Tür aufhalten, sich die Zähne putzen, gurgeln und gepflegt aussehen. Da hatte Flinki keinen Bock drauf. Für Jungs interessierte sich Flinki aber auch nicht. Im Gegenteil, gerne verhöhnte er die schwulen Maulwürfe aus der Umgebung. Dieser Flinki war beileibe nicht nett. Umso erstaunlicher war es dann, dass er trotz seines schlechten Benehmens einen Freund hatte. Es war Lurchi. Ein lethargischer Lurch aus dem Teich um die Ecke. Lurchi war kein Böser Lurch, der in Flinki seinesgleichen suchte. Lurchi hatte einfach keinen Antrieb. Lurchi war ein lustloser, lethargischer, lahmer, langweiliger Lurch. Er hatte auch kein Sanostol.

Er war einfach irgendwann Flinkis Freund geworden. Da wurde kein Aufheben drum gemacht, aber so sind Jungs ja nun mal. Lurchi beschwerte sich nie, er ertrug sogar den leicht penetranten Geruch von Flinki, der sich wirklich nur sehr selten wusch und meistens unrasiert daherstänkerte.

Sie machten das, was Jungs so in ihrer Freizeit machen: Also Fenster mit Steinen einwerfen, jede Menge Bier trinken, dem Vater Geld aus dem Portemonnaie klauen und sich damit brüsten, dass man *schon mal hätte*. Das stimmte aber bei den beiden Schurken ganz und gar nicht, Flinki war zu faul wie wir eben schon gehört hatten und Lurchi einfach zu lahm.

Sie spuckten auch gerne in der Gegend herum, dabei waren sie doch gar keine Lamas. Nun, Lurchi vielleicht schon, er war sogar ein sehr Lahmer.

Irgendwann gerieten sie auf die schiefe Bahn und fingen an alten Frauen die Handtaschen zu klauen. Später überfielen sie Banken und sagten böse Wörter wie „Fuck". Oder „CSU".

Sie wuchsen zu richtigen Halunken heran. Und Flinki war der Schlimmste. Lurchi eher ein Mitläufer. Jedenfalls kam es wie es kommen musste: Flinki der Maulwurf wurde irgendwann von der Polizei erschossen. Und die Karma-Verwaltung rieb sich schon die Hände. Ihn als Nacktmull wieder auf die Erde zu schicken schien ihnen zu mild. Viel zu mild. Er wurde als Spiel wiedergeboren.

„Flinki, hau drauf" heißt es. Ziel ist es, so vielen Maulwürfen wie möglich mit einem großen

Hammer auf den Kopf zu hauen. Wohlgemerkt handelt es sich dabei nicht um ein Computerspiel und einen virtuellen Hammer. Es sind niedliche kleine Plastik-Flinkis und ein weniger niedlich anmutender Hammer mit dem man auf die Maulwürfe einprügelt.

Und nun wird Flinki, der miese Maulwurf bis ans Zeitenend von Kindern ohne Phantasie und Fahrrad verdroschen. Das hat er nun davon.

Der, die oder das Hukavofi

Eines Tages wurde im Tierreich ein Tier geboren, so etwas hatte die Welt noch nicht gesehen! Bei Tieren ist es wie bei den Menschen, sie haben meist schon lange vor der Geburt eine genaue Vorstellung vom Aussehen des Sprösslings. Ein Dohlenpärchen weiß ebenso mit 100protzentiger Gewissheit, dass das Kind aussehen wird wie eine kleine Dohle, wie es auch der Narwal weiß. Also in seinem Falle, dass das Kind wie ein Narwal aussehen wird.

Meist wird das zukünftige Neugeborene noch mit allerlei verschönernden Attributen ausgestattet, oder die Eltern lassen zumindest Erbmerkmale weg, die dem Kinde eine Platzierung ganz unten bei einem Schönheitswettbewerb einbringen würde. Häufig hört man sich werdende Raben-Eltern unterhalten "Also Deine Krähenfüsse bekommt er ganz bestimmt nicht, das wäre ja furchtbar!" "Ach ja? Erstmal wird es eine Sie und wenn sie Dein stumpfes Gefieder bekommt hat sie auch nichts zu lachen!" Da unterscheiden sich Tier und Mensch nicht im Mindesten.

Und seltsamerweise ist es dann meistens auch so, dass die Nachkommen eben die Merkmale aufweisen, die die Eltern gerne hätten, nur manchmal, da ist halt einfach nichts mehr zu machen.

Dann müssen eben die inneren Werte herhalten. Warzenschweine sind übrigens geduldige und höfliche Zeitgenossen und der hässliche Grottenolm ist ein sehr guter Zuhörer. Natürlich werden manchmal auch die Eltern enttäuscht, doch dann war meistens der Kuckuck im Spiel.

Man könnte also meinen, dass Kinder so aussehen, weil Eltern wollen, dass sie so aussehen, und welche Katze würde wollen, dass das Kätzlein aussehen soll wie ein Hund? Wohl keine und deshalb sehen alle jungen Katzen so aus wie Katzen eben aussehen. Und daran ändert sich meistens auch nichts.

Eines Tages aber wurde im Tierreich ein Tier geboren, so etwas hatte die Welt noch nicht gesehen! Sei es, dass die Eltern mit der Lohnsteuer beschäftigt waren oder einfach andere Dinge im Kopf hatten, sie hatten sich nie Gedanken über ihren Nachwuchs gemacht. Was für einer Rasse die Eltern angehörten war völlig egal, jedenfalls sah das frisch Geborene oder meinetwegen auch frisch Geschlüpfte aus wie eine Mischung aus einem Hund, einer Katze, einem Vogel und einem Fisch. Die Eltern waren so erschrocken, dass sie sofort der Schlag traf. Und da das Kleine keine nahen Verwandten hatte, war es nun auf sich allein gestellt. Es streunte durch die Gegend und wurde von allen anderen verstoßen und verprügelt, keiner wollte sich des kleinen seltsamen Geschöpfes annehmen. Die anderen Tierkinder wollten nicht mit ihm spielen, gaben ihm aber dennoch einen Namen. Da Hund-Katze-Vogel-Fisch zu kompliziert war, nannten sie es kurzerhand Hukavofi. "Ach seht nur, da kommt der blöde Hukavofi, komm wir verprügeln ihn, seine Eltern kann er ja nicht um Hilfe rufen!" Ja, es ging und geht sehr grausam im Tierreich zu. So war der kleine Hukavofi immer auf der Flucht, immer auf der Suche nach etwas, das zumindest genauso seltsam war wie er, um nicht mehr so allein zu sein. Nachts hörte man oft sein eigenartiges Geschrei, das so herzzerreißend traurig war, aber irgendwie auch wieder komisch, eine Mischung aus Bellen, Miauen, Zwitschern und Blubbern. Manch einer glaubte sogar Walgesänge herauszuhören.

Auf seinen endlosen Wanderungen kam der kleine Hukavofi auch nach Ägypten und begegnete dort einem Tier über dessen Aussehen sich seine Eltern wohl auch keine Gedanken gemacht hatten, es war halb Löwe und halb Mensch und nannte sich selbst Sphinx. Da Not zusammenschweißt und die Sphinx ein ähnliches Schicksal litt wie Hukavofi wurden die beiden schnell Freunde. Sie zogen eine Zeit zusammen durch die Wüste, bis sich die Sphinx dazu entschied in Ägypten zu bleiben und die dortigen Einwohner mit blödsinnigen Rätseln zu foppen und sich so an deren herzlosen Behandlung zu rächen. Doch Menschen stehen bekanntlich auf blödsinnige Rätsel und schufen der Sphinx sogar ein Denkmal.

In Ägypten gab es übrigens noch eine ganze Reihe anderer ähnlich entstellter Wesen, mit Köpfen von Krokodil, Ibis oder Schakal. Die wurden mit ihrer Außenseiterrolle allerdings nicht fertig, wurden wahnsinnig und hielten sich für Götter.

Auf seinen langen Reisen traf Hukavofi noch einige mehr verstoßene Wesen an, die es ähnlich schwer hatten. Im Orient fand er im Greif einen guten Gegner im Backgammon, in Griechenland philosophierte er mit Medusa und Minotaurus, die übrigens gar nicht so böse waren, wie es uns die heutigen Schulbücher weismachen wollen. Beide waren sehr sensible Zeitgenossen, mit denen nur niemand etwas zu tun haben wollte und aus ihren Außenseiterrollen erwuchsen bald die hässlichsten Schauermärchen. Minotaurus war ein passionierter Gärtner und auf die Zucht von preisgekrönten Orchideen spezialisiert, aber sobald man unter Menschen mit Hörnern auf dem Kopf herumläuft, ist Schluss mit Freundschaft und anschreiben. Medusa konnte die tollsten Geschichten erfinden, aber Menschen, die nie zum Friseur gehen, sind auch heute noch den meisten Leuten mehr als suspekt.

Hukavofi wanderte weiter, bis er in den bayrischen Wald kam. Dort begegnete er einer ganzen Horde von Wesen, die ihm bisher am ähnlichsten waren. Sie hatten Merkmale von Hasen, Rehen, Rebhühnern, Füchsen und vielem mehr. Sie selbst nannten sich schlicht Wolpertinger und lebten ein gar lustig Leben. Da der Wald alles zu bieten hatte, lebten sie in Saus und Braus und hatten ein schönes Hobby: Sie erschreckten die Menschen, die durch ihren Wald spazierten und verbreiteten sogar das Gerücht, dass sie sich vom Gehänge der männlichen Menschen ernähren würden. Das war natürlich blanker Unsinn, denn sonst wären sie längst verhungert, aber es machte ihnen großen Spaß aus dem Unterholz hervor zu brechen und die belederhosten Wanderer mit Fauchen und Kreischen in die Flucht zu schlagen.

Bei den Wolpertingern blieb Hukavofi eine Zeit, bald war er kein Kind mehr sondern ein stattliches was auch immer. Es hielt ihn jedoch nicht dort im bayrischen Wald und er schnürte sein Ränzlein, verabschiedete sich von den lustigen Gesellen und begab sich wieder auf die Wanderung.

Er lernte noch viele Kreaturen kennen, die es so schwer hatten wie er. Er lernte die Menschen kennen, die er aus Verstecken heraus beobachtete und stellte fest, dass nicht nur die Tiere, sondern gerade das Wesen, dass sich für die Krone der Schöpfung hält, eine wahnsinnige Angst vor dem Unbekannten hat, Panik vor dem, was nicht in ihre Schablonen und Schemata passt.

Hukavofi wusste nie, wie alt er eigentlich werden würde, machte sich deshalb auch keine Gedanken über das Alter, und so wandert er wahrscheinlich auch heute noch durch die Welt auf der Suche nach seinesgleichen. Vielleicht begegnen wir ihm ja einmal. Doch dann sollten wir nicht erschrecken, sondern wir sollten seinen Geschichten lauschen, die sehr lehrreich sein können.

Ich habe einen Kochlöffelständer

Sprache ist eine schicke Sache, da wird mir jeder zustimmen, der nicht gerade ein Schweigegelübde abgelegt hat. Und selbst der oder die kann sich immer noch am geschriebenen Wort erfreuen, sofern er oder sie des Lesens mächtig ist. Manche Menschen plappern einfach so drauf los und belustigen oder belästigen ihre Umgebung mit dem Wohlklang oder den Dissonanzen ihres Sprachorgans. Andere zücken bei jeder Gelegenheit Block und Bleistift und schreiben nieder was sie denken zum Zwecke sich in gebundener Form der Umwelt mitzuteilen. Dann gibt es Menschen, denen ist das nicht genug, sei wollen genau wissen, was das eigentlich ist, mit dem man erfreuen, belästigen, reimen, persiflieren, romancieren, parodieren, dokumentieren, polemisieren und sich nicht selten auch blamieren kann. Sie versuchen der Sprache Formeln zu geben, sie in Raster zu stecken, die meiner Meinung nach den Käfigen gleichen, die prächtigen und unschuldigen Vögeln ein zweifelhaftes Zuhause bieten. Diese Menschen nennen sich dann Sprachwissenschaftler und sind mir genauso suspekt wie Hobby-Mathematiker oder Ozelot-Züchter. Sprache will frei sein, sie muss sich entfalten, was zwangsweise manchmal zu seltsamen und weniger schönen Auswüchsen und Marotten führt.

Bin ich sonst ein Griesgram der tobenden prä-, post- und interpubertierenden Jugend, muss ich ihr doch zugute halten, dass sie zwar immer mehr schöne Wörter aus ihrem Wortschatz streichen, würde man in einem von quasi-Kinderhand geführten Lokal frechen Mutes eine "Brause" ordern, würde man wahrscheinlich nur großen Auges angeglotzt aber nicht verstanden, auf der anderen Seite führt der jugendliche Esprit zu wahrlich köstlichen Knospen neuer Kreationen. Allein was die Erfindung von Schimpfwörtern angeht, ist der juvenile Mensch eine wahre Fundgrube, von dem ich mich gern beschimpfen lasse. Neulich wurde ich von einer zweifellos unreifen Dame mit "Arschnase" tituliert, woraufhin ich mindestens drei Tage lang lächelte. Die völlige Missachtung der menschlichen Anatomie und der Esprit, der diese Äußerung begleitete ließ mich innerlich aufhüpfen.

Neue Kreationen hin oder her, die Welt von Nintendo, Buffalo, SuperMario und Klingeltönen sollten sich nur vor einer dunklen Macht in Acht nehmen. Vor der Werbung. Und ganz besonders vor der Werbung in der Welt der bewegten Bilder, dem Fernsehen. Dort entstehen die Geschwüre der Sprache, dort sitzt der Tumor im Fleische der Kommunikation und pflanzt seine Metastasen in jede Form von Werbung bis hin zur Bäckerblume. Was hören wir dort: In reichlich dissonanter Sinnsülze quillt es uns an die gebeutelten Trommelfelle "Wenn wir Bratmaxe grill'n, fängt die Stimmung an!" Fängt die Stimmung an. Da wird die Stimmung aus ihrer gewohnten Passivität geholt um bei debilen Formfleisch-Essern ein aktives Leben zu führen. Das will die Stimmung gar nicht. Stimmung will gemacht werden. Sie will gehoben werden, meinetwegen auch getötet werden, aber noch nie sagte sie den Umstehenden auf einer bislang drögen Party "So, ich fang dann mal an!"

Wer sich gern des gereimten Wortes bedient um Menschen zu erfreuen oder sie in seine Schlafgemächer zu sirenen, der sollte ebenfalls seine Flimmerkiste aus dem Fenster werfen: "Vollgepackt mit tollen Sachen, die das Leben schöner machen, hinein ins Weekend-Feeling. Mit Zott-Sahnejoghurt, sahnig, fruchtig frisch und dann: Hinein ins Weekend-Feeling. Lass Dich mal geh'n, schalt einfach ab, genieß den sahnigen Geschmack. Mit Zott ins Weekend-Feeling" Das ist sicherlich noch ein Kleinod, was wohl eher zufällig einem Werbetexter aus dem Vakuum unter dem Designer-Haarschnitt gepurzelt ist. Es gibt weitaus schlimmeres, trotzdem würde sogar ein Deutschlehrer ihm die Ohren lang ziehen allein ob des Reimes Ab – Geschmack. Allerdings gibt es eine Werbung, eine wahre Serie, die mir sehr ans Herz gewachsen ist. An anderer Stelle erwähnte ich sie schon einmal, doch sie ist es wert, wieder und wieder wiederholt zu werden:

„Barbie-Camper Boot und Auto Yeah!
So viel gibt's zu entdecken hier,

Ins Boot, raus aufs Meer!
Lausch den Welln, nimm ´nen Snack,
Neuer Ort, Vögel zwitschern, Uhh
Jetzt ins Bett, die Grillen hörn Dir zuhu
Der Feriencamper fährt und fährt
Barbie-Camper, Boot und Auto Yeah!"

Es stammt aus dem nicht enden wollenden Vers-
Werk rund um Barbie und ihre verruchten
Freunde. In einem früheren Werk heißt es sogar:
"Klapp das Heckdeck weg, aus den Schornstei-
nen werden Gläser, yeah!"
Leider ist der Rest des Weltwerkes im Dunst der
Geschichte verloren gegangen. "... Heckdeck
weg". Kein Morgenstern, Rilke, Schiller, Goethe
oder Shakespeare hat mehr Kraft und Ausdruck
als diese Zeilen. Wer mir den Rest dieser lyri-
schen Krönung schicken kann, den belohne ich
mit einer signierten Autobiographie des Melitta-
Mannes.

Sprache sollte bei Sprache bleiben, egal, was sie
für Auswüchse bekommt. Sie sollte beschreiben,
erzählen, uns erheitern oder uns die Tränen in die
Augen treiben. Sie darf ungelenk sein, wenn sie
den ersten Liebesbrief bildet. Sie darf unver-
ständlich sein, wenn sich ihrer Politiker bedienen, sie darf Kunst sein, sie darf beschimpfen.
Sie darf fast alles. Wir dürfen aber noch längst
nicht alles mit ihr. Wir dürfen sie nicht miss-
brauchen.
Ich hatte unlängst das zweifelhafte Vergnügen
im Maritim Hotel "Arte" in Berlin zu residicren.
Es schimpft sich Kunst-Hotel, hatte auch aller-

hand Geschmiere zu bieten, was aber nicht dem Restaurant-Betreiber das Recht gab Sprache zu vergewaltigen. Das tat er aber. Weil seine Speisen, die er scheinbar mühsam zusammenzimmerte allein nicht genug Eindruck zu schinden vermochte, tunte er die Speisekarte mit Hilfe der Worte großer Pracht und Macht. Das machen Restaurantchefs und deren Köche gerne und dafür sollten sie an die Wand gestellt werden. Essen ist das was es ist. Oder was er oder sie isst. Nicht mehr, nicht weniger. Und so sollten Speisen auch beschrieben. Nun folgt ein Auszug aus der besagten Speisekarte, die den Anstoß meiner grenzenlosen Missbilligung darstellt:

"Geflüster der Wanderfische", geräuchert, in Sülze und Tartar. Das muss man nicht kommentieren.
Für die Fleischverächter gab es eine kleine fast schon erotische Kapriole, die sich "Vegetarische Versuchung" schimpfte, eine Ziegenkäseterrine mit Kern von Paprika und Aubergine für 9 Euro 20.
Für die Leckerschmecker gab es ein "Sorbet aus Früchten der Saison – im eiskalten Händchen.
Den Vogel schoß aber der Nachtisch ab: "Pfannkuchen-Schokoladen-Mille-Feuilles unter dem gefüllten Hippenkörbchen."
In Köln gibt es ein Lokal, ranzig, räudig und voller Gerümpel, aber sein Speisekartenverhalten ist vorbildlich: Auf der Tafel im Lokal steht einfach groß: „Heute Spaghetti mit Soße." Was will man mehr…

Wer mir schreiben kann, was ein Hippenkörb-chen ist, ich dachte sofort an das Schlafgemach einer modebewussten jungen Frau, der bekommt nicht nur die Melitta- Biographie, sondern einen von Biolek signierten Kochlöffelständer dazu. Wohlan, schreibet, schreibet fleißig.

Anmerkung des Autors: Der Wettbewerb ist abgelaufen. Ideen nehme ich trotzdem gerne an.

Insomnia

1. Februar
Ein schöner Tag heute, die Sonne scheint mir wohlgesonnen. Die Sonne scheint mir wohlge-sonnen? Was ist denn das für ein Satz? Anderer-seits: Warum denn nicht.
Ich beschloss gegen frühen Nachmittag ein we-nig zu flanieren und zog meinen Mantel aus Faulpelz über. Schön warm eingepackt konnte ich den kalten Winterwind nun verwinden. Denn wenn die Sonne wohlgesonnen ist, kann man auch den Wind verwinden. Mich überkam ein kurzes Gefühl von Genialität und ich nahm mir den Rest des Tages vom Denken frei.
Mehrere Stunden musste ich stoffwechselnd an einer Ampel gestanden haben, bis mich ein Poli-zist anherrschte, ich soll woanders stinken. Ich antwortete mürrisch, dass die Welt noch nicht bereit sei für meinen Mantel aus Faulpelz, trollte mich jedoch. Nun schreibe ich an diesem Tage-buch und ein ungewisses Gefühl eines Déjà vus überkommt mich. Beim Durchlesen, ja selbst

beim Schreiben dieser Zeilen, denke ich mir: „Das habe ich doch schon einmal erlebt?" – Schon wieder! Das muss aufhören!

2. Februar

Letzte Nacht träumte ich, dass Udo Lindenberg mich entführt hätte. Er sperrte mich in einen kleinen Zwinger und sagte mehrmals hintereinander mit einem drohenden Unterton: „Los, Alter, sag mir wo die Blumen sind? Wo sind sie geblieben?" Ich blieb jedoch standhaft und wiederholte immer wieder nur meinen Namen und mein Geburtsdatum, so wie ich es in dem anderen Traum, in dem ich ein gefangener Marine war, gelernt hatte. Später kam Udo wieder, er hatte sich seltsam verkleidet: Er trug einen pinken Minirock und hatte sich die Hüften aufspritzen lassen. Außerdem hatte er seinen Hut abgelegt und nun kam entgegen aller Gerüchte keine Glatze zum Vorschein, sondern wallendes rotes Haar, wie man es nur bei Marianne Rogé aus der Lindenstrasse vermutet hätte. Er näherte sich mir mit lüsternen Blicken und sagte leise aber nicht ohne erotische Note: „Ich bin die Klavierlehrerin, wie wär's mit einer Stunde?" Der Traum drohte zu eskalieren. Im Traum gelang es mir mich selbst wach zu schreien, nur langsam verblasste das Bild von Udo Lindenberg in seinem Minirock, noch lange zitterte ich unter der Bettdecke. Ich beschloss in diesem Moment, nicht mehr zu schlafen, zu grausam war das Bild des miniberockten Barden in meinem Hirn verankert. Ich will ihn nie wieder sehen.

4. Februar

Seit zwei Nächten nicht mehr geschlafen, doch seltsam wach und gut gelaunt. Ich habe gelernt, dass dem weisen die Welt verschlossen bleibt. Durch die Zeit, die ich nun zusätzlich habe und nicht mit Schlaf vergeude, kann ich mir mehr Gedanken machen und mehr Fragen auf den Grund gehen, als es dem gemeinen Bürger möglich wäre. Als ich letzte Nacht meiner Zimmerpetunie beim Wachsen zusah, philosophierte ich beispielsweise über die Frau als Metapher für die Sinnlosigkeit des Daseins. Diesen Gedanken wollte ich unbedingt Frau Schmolke aus dem ersten Stock mitteilen, die war davon jedoch nicht sonderlich erbaut, sie schlug mich mit ihrem Schirm und schimpfte fürchterlich. Blödes Weib.

Es muss weiter geforscht werden.

6. Februar

Ich habe mir selbst ein Denkmal gesetzt. Letzte Nacht, als alle diese dummen Kreaturen sich dem trügerischen Schlaf hingaben und von niederen Dingen träumten, schlich ich mich auf den Neumarkt und schuf eine Eisskulptur von monumentaler Größe und Schönheit, die mich selbst darstellt. Ich selbst war von diesem Kunstwerk so ergriffen, dass die Tränen nur so aus mir herausflossen. Auch die eilig herbei geflogenen Eulen zerriss die Anmut und Grazie meinerselbst aus Eis förmlich das Herz und sie stimmten ein wehmütiges Klagelied gegen das Schlafen an. Dann weinten auch sie. Zum ersten Mal sah ich eine Eule weinen und dieses Bild werde ich nun wohl immer in meinem Herzen tragen. Leider waren die salzigen Tränen dem Eise kein guter Freund und die Skulptur löste sich unter den kaskadenartigen Tränenwellen der Eulen wieder auf. Doch ich weiß, dass sie dort war. Zu Hause schuf ich mir ein Andenken an die Vögel, die mir in dieser Nacht zum Freund und Seelenbegleiter wurden. Es ist eine Art Haube, die ich mir bastelte, aus Federn und den gelben Flaschenböden zweier Fantaflaschen. Ich nenne es meinen Eulenhut. Und er steht mir gut. Ich werde ihn nun immer tragen...

8. Februar

Liebes Tagebuch, diese Welt ist noch nicht bereit für die Metamorphose in die nächst höhere Stufe des Menschseins. Die Leute lachen mich aus, wenn ich mit meinem Eulenhut und dem Mantel aus Faulpelz zwischen ihnen wandele. Ich bin nun seit sechs Tagen ohne Unterbrechung wach, meine Bewegungen werden etwas fahrig, aber das muss sicher so sein auf dem Weg in eine höhere Bewusstseinsstufe.

Mein Eulenhut hat nicht nur einen spirituellen Wert für mich, er offenbart mir auch das wahre Wesen der Menschen. Man könnte meinen, dass die gelben Fantaflaschenböden meine Wahrnehmung verzerren, in Wahrheit sehen die Menschen aber genauso aus, ohne die Eulenbrille sehen wir ihr verzerrtes, trügerisches Wesen. Ich werde mich von diesen Monstren fernhalten müssen.

9. Februar

Nun bin ich auf dem Weg. Mit ein paar Sachen aus meiner Wohnung, den Eulenhut auf dem Kopf und den Faulpelz eng am Körper gegen die Kälte, habe ich mich aufgemacht um der Menschheit zu trotzen, der Witterung die Stirn zu bieten und mich auf ein Leben zwischen meinen wahren Freunden, den Eulen, vorzubereiten. Ich bin auf dem Weg nach Walsrode.

10. Februar
Der Marsch ist hart und fordert einiges von mir ab, aber ich werde es schaffen. Ach könnte ich doch endlich fliegen...

11. Februar
Damit mich meine zukünftigen Brüder und Schwestern im Vogelpark als einen der ihren erkennen, habe ich die ganze Nacht geübt, den Kopf ganz nach hinten zu drehen. Ich glaube ich habe mir den Hals verrenkt. Meinen Rücken habe ich nicht gesehen... Aber ich werde nicht aufgeben!

12. Februar
Nach 10 Tagen ohne Schlaf hat sich mein Gehirn in einen Hochleistungsdenkapparat verwandelt. Ich habe einen Plan entworfen, nach dem ich meine Eulenbrüder und -schwestern aus dem Vogelpark befreien werde. So wie ich mich ein eine Eule verwandelt habe, werden sich die Eulen in Menschen verwandeln! Zumindest in den Augen der Wärter und anderer übler Schurken. Bald bin ich da, Hannover, die wohl hässlichste Stadt der Welt habe ich schon hinter mir gelas-

sen. Unterwegs habe ich ein paar Altkleidercontainer beerbt. In diese Kleider werden dann die Eulen schlüpfen, immer so viele, dass sie die Hosen und Mäntel so ausfüllen dass die Illusion eines Menschen perfekt ist. Ich kann es kaum noch erwarten...

13. Februar
Ich bin da, liebes Tagebuch! Vor mir steht das große düstere Eulen-KZ, welches ich heute Nacht erstürmen werde und den Eulen zu ihrer verdienten Freiheit verhelfen werde. Sie werden mich lieben... Sie werden mit mir, ihrem neuen König in ein fernes Land ziehen, ohne Menschen und ohne Schlaf. Das Paradies wartet. Ich stellte mir vor, wie die befreiten Eulenweibchen mir zum Dank ihren gefiederten Körper anbieten. Bei dem Gedanken wird mir ganz warm. Eulenerotik ist so neu, so aufregend und fühlt sich einfach richtig an...
Ich kann es kaum noch erwarten, dass es dunkelt und ich meinen Plan und Traum Wirklichkeit werden lassen kann.

Nachtrag, Zeitungsartikel aus der Walsroder Zeitung, kurz WZ:

„Vergangene Nacht versuchte ein scheinbar verwirrter Mann in den Walsroder Vogelpark einzudringen. Der Tierschützer war bei dem Versuch über die Umzäunung zu klettern gefallen oder gestürzt und wurde am nächsten Morgen vom Personal des Tierparks aufgefunden. Der verwahrloste Mann wurde in das Walsroder

Krankenhaus gebracht, der Notarzt konnte jedoch keine Knochenbrüche oder andere Verletzungen feststellen. Dr. Schäfer meinte verwundert: „Der hat nichts, der schläft nur!"
Sobald er wieder bei Bewusstsein ist, wird der Mann von der Polizei befragt."

Ist es nicht unglaublich?

Ist es nicht unglaublich, dass wir in einer Welt leben, die von ihren Kindern bestimmt wird? Werden wir uns bald nur noch mit Hilfe von Klingeltönen verständigen? Ist es bald Bürgerpflicht den Bäcker um die Ecke und jedes andere Geschäft mit einem Fahrradhelm auf dem Kopf zu betreten? Wird der doofe Euro, an den wir uns gerade mühsam gewöhnen nun von Pokemon-Sammelkarten abgelöst? Vielleicht. Vielleicht sterben jetzt auch Namen wie Peter, Paul und Maria endgültig aus und werden von Marvin, Jason und Britney abgelöst. Eigentlich schade, klingt es doch recht verwunderlich wenn es im Empfangsraum des Kinderarztes aus dem Munde der überforderten Mutter tönt: „Ich weiß auch nicht, was ich machen soll, die Shakira hat schon seit drei Tagen Durchfall.". Und wieder kein Reporter der Bravo anwesend. Schade. Dennoch hat es mit neuen Namen auch etwas schönes an sich, was uns hin und wieder ein Lächeln auf das trübe Gesicht zaubert. So wurde mir letztens in der Straßenbahn altgriechische Philosophie sehr deutlich und anschaulich von einem seiner Gründer veranschaulicht. Zwei Knaben streiten, der eine haut dem anderen doch recht prächtig und mit Elan auf die ohne Stolz getragene Bommelmütze. Dieser schreit daraufhin laut auf: „Verdammte Scheiße Sokrates, das tut doch weh!"

Der angesprochene Sokrates erwidert bloß: „Tschuldigung, war nicht so gemeint, wusste ich ja nicht..."

Sokrates, also der um 400 vor Christus, ging davon aus, dass alle Laster auf Unkenntnis, nicht aber auf absichtlicher Bösartigkeit beruhten. Das habe ich in der Linie 5 gelernt. Sokrates der jüngere und sein geschlagener Freund Kenneth mit schwer gelispeltem th am Ende verließen bald wieder versöhnt die Bahn und polterten ihrer Wege. Für mich war aber der Tag wieder sonnig und schön. So auch nach dem Dialog beiden jungen Damen Mandy und Aishe, die ich im Bus belauschte. Aishe berichtete Mandy von einem neuen voll krassen Spiel. Mandy wollte wissen, ob man das Spiel denn auch auf ihr neues voll geiles Nokia-Handy runterladen könne, woraufhin Aische sie über das neue endfette Spiel aufklärte. Nee, das sei also voll undigital, das macht so mit einem Blatt Papier und einem Bleistift und so, also eigentlich mit zwei Blatt oder heißt es Blätter? Papier und zwei Stiften, wenn man es zu zweit spielt. Da kam die erste Zwischenfrage, was denn sei, wenn man es zu dritt oder viert spielen wollte. Dann, erklärte

Aishe fachkundig und mit pädagogischer Eloquenz, bräuchte man fett viel Papier. Jedenfalls geht einer dann so das Alphabet durch und ein anderer sagt Stop oder so. „Wer denn?" wollte Mandy wissen. „Na der andere von dem Spiel" erklärte Aishe geduldig. „Und wenn das drei spielen?" „Ey Du stellst voll die vielen Fragen!" Langsam wurde Aishe ungeduldig, wollte sie doch mit ihrem Referat fortfahren. Das tat sie dann auch und überging einfach die Zwischenfrage. „Also der mit dem Alphabet sagt dann den Buchstaben, bei dem er bei Stopp war." Kunstpause, langsames Nicken von Mandy, sie schien verstanden zu haben. „Und dann schreiben alle Wörter auf, die mit dem Buchstaben beginnen." „Alle Wörter?!" „Nee, nur so Stadtnamen und Flüsse und Tiere und so..." Mandy war begeistert: „Boahh, voll schwer! Aber geiles Spiel, wie heißt das?" „Stadt, Land, Fluss oder so..." Endete Aishe ihren Vortrag. Das muss ein schöner Tag gewesen sein. Für Mandy, die etwas dazugelernt hatte und auch für alle anderen in dem Bus, die auch etwas gelernt hatten: Es ist noch längst nicht alles verloren.

Manchmal denke ich das aber schon. Neulich lernte ich durch das Fernsehen, dass das gute alte Seilchenspringen nun nicht mehr gutes altes Seilchenspringen heißt, sondern Rope-Skipping. Schlimm. Hätte mich jemand vor dem Sehen dieses Fernsehbeitrages zum Rope-Skipping eingeladen hätte ich ihn interessiert aber ahnungslos angesehen und gedacht, er hätte mich zu exotischen Fesselspielchen eingeladen. So kann man sich irren. Aber jetzt weiß ich es ja besser.

Besser weiß ich übrigens auch, dass der Begriff „Hüttenkäse" von Danone geschützt, gekauft, quasi okkupiert, annektiert oder auch domestiziert wurde.

Schade. Hatte ich doch immer gerne Hüttenkäse gesagt, muss ich nun bei diesem Wort immer an den Großkonzern Danone denken und stelle ihn wieder zurück ins Kühlregal.

Wo kauft man denn solche Wörter? Was passierte denn, wenn mal jemand, womöglich Danone, den Begriff Brokkoli kauft? Brokkoli gehört nämlich zu meinen Lieblingswörtern, und es wäre doch doof, wenn dieses schöne Kleinod von Wort versklavt würde, nur weil Danone einen Brokkoli-Joghurt auf den Markt bringen möchte!

Na ja, so weit ist es ja noch nicht.... Zum Abschluss möchte ich Sie gerne auffordern, mir Ihre Lieblingswörter mitzuteilen. Ich beabsichtige daraus einen Roman zu weben. Danke.

Mir sitzt der Schalk im Nacken

Es ist weiß in diesem Raum. Ganz weiß. Die Wände sind gepolstert, der Boden auch, in der Türe ist ein kleines Guckloch und eine kleine Pforte, durch die mir mein Essen geschoben wird. Es ist eine Gummizelle.
Dr. Peter hat mir freundlicherweise ein Töpfchen Fingerfarbe gebracht, mit dieser schreibe ich nun diese Zeilen an die weichen, weißen Wände.
Wie bin ich denn nur hierher gekommen, ich will es Euch verraten:

Es fing in meiner Kindheit an, ich muss so etwa 8 Jahre alt gewesen sein, da meinte meine Mutter zu mir: „ Na Du hast aber einen rechten Schalk im Nacken!". So hat sich meine Mutter oft ausgedrückt, den wahren, metaphorischen Sinn ihrer Äußerung habe ich damals natürlich nicht verstanden. Ein Schalk im Nacken. Soso. Und was ist das? Ich war wohl immer zu einem Spaß aufgelegt, habe keine Gelegenheit ausgelassen, Onkel Erwin oder Tante Elsbeth zu ärgern, aber nie bösartig. Das kam später. Auch in der Schule war ich schnell für meine Streiche und Witze bekannt. Einmal habe ich eine Mausefalle in meine Schultüte gepackt und meinte zu meiner damaligen Schulfreundin Barbara: „Greif nur mal rein, was Du zu fassen bekommst, gehört Dir!" Schnell war es mit der Freundschaft aus.

Doch als meine Mutter mir den Schalk in den Nacken dichtete, nahm ich sie beim Wort. Lange stand ich vor dem Spiegel im Badezimmer und untersuchte meinen Hals, bis ich den Kopf fast so gut drehen konnte wie eine Eule. Nichts war zu sehen. Kein Schalk oder was auch immer. Bis ich dann den Kosmetikspiegel meiner wortgewandten Mutter auf die Rückseite meines Halses richtete. In der vergrößernden Seite sah ich ihn denn: den Schalk.

Ganz klein und scheinbar recht schüchtern lugte er da aus meinem Haaransatz in meinem Nacken hervor. Ein winziges Wesen mit riesigen fast verängstigen Augen blickte mich durch den Spiegel an. Lustig sah er aus, der Schalk. Ein behaartes Gesicht, wie ein kleines Äffchen, mit spindeldürren Ärmchen, eine kleine Stupsnase und eben diese großen ängstlichen Augen.

Noch lustiger war aber sein Gewand. Es schien aus lauter Pompons zu bestehen, hatte hier und da ein Glöckchen am Gewand, das ich nun auch leise bimmeln hörte. Dann sah ich, dass er auch etwas in seinen kleinen Händen hielt. In der Rechten hatte er eine Art Rassel, in der Linken ein Tröte. Und zwar so eine Tröte, die schneckenartig aussieht und sich unter blödem Gefiepe entrollt, bläst man hinein.

„Du bist also mein Schalk", sagte ich und machte keine Anstalten ihn zu verjagen. Das merkte er und wurde mit der Zeit zutraulicher. Bald verriet er mir seinen Namen: Woggowoggo heiße er, fiepte er mir mit seiner Fistelstimme ins Ohr. Er sprach recht komisch, mit einem Dialekt, von dem ich später erfuhr, dass es sächsisch ist.

Woggowoggo und ich hatten viel Spaß miteinander. Er sagte mir oft lustige Sachen ins Ohr, wenn ich mit Lehrern sprach: Die Lehrer wussten nie, warum ich gerade bei ihren Ausführungen oft in schallendes Gelächter ausbrach. „ Nu guck dir mal die dicke Berta an, selbst so dick, dass sie eine eigene Postleitzahl braucht!" flüsterte er mir ins Ohr, als uns Frau Berthold in Erdkunde mit den deutschen Postleitzahlen vertraut machen wollte. Ich machte mir fast in die Hosen vor Lachen, Frau Berthold fand es weniger komisch. Im Lehrerkollegium bekam ich bald das Attribut „verhaltensgestört". Ich erzählte meiner Mutter von Woggowoggo, aber sie lachte nur und meinte: „Jaja, kindliche Autoprojektionen imaginärer Freunde, das ist ja nicht selten". Ich verstand kein Wort, Woggowoggo flüsterte: „Blöde Intellektuelle, wohl'n Fremdwörterlexikon verschluckt". Aus reinem Reflex wiederholte ich diese Worte und musste ohne Abendessen ins Bett.

Als meine schulischen Leistungen immer schlechter wurden, es wurde schon von Sonderschule gemunkelt, beschloss ich den kleinen Woggowoggo mit seiner Tröte und seiner Rassel einfach zu ignorieren. Irgendwann würde er schon verschwinden. Der Höhepunkt kam, als unser Mathelehrer, Herr Wonschinski, einer ersten, der nach der Wende in den Westen kam, und die Tiefen der Trigonometrie erklären wollte und Woggowoggo mit voller Lautstärke direkt mit seiner Tröte ins Ohr blies und dazu mit seiner Rassel rasselte. Irgendwann hatte ich die Nase gestrichen voll und schrie: „Jetzt hör doch mal mit dem Scheiß auf, Du Ossiarsch und verpiss Dich endlich dahin wo Du hergekommen bist!" In der Klasse war auf einmal totenstill, bis auf das Gekicher von Woggo, das natürlich nur ich hören konnte. Herr Wonschinski lief puterrot an, sein rechtes Auge fing an zu zucken und ich rechnete damit, dass platze. Er lief jedoch nur aus der Klasse und kam bald wieder. Mit dem Direktor. In der Klasse war ich ein gefeierter Held, im Rektorenzimmer ein kleines Häufchen Elend. Ich konnte denen doch nicht erklären, dass ich nicht Herrn Wonschinski angeschrieen hatte sondern meinen kleinen, für andere Augen unsichtbaren, für andere Ohren unhörbaren Woggowoggo, den Schelm, der mir im Nacken sitzt!

Ich kam noch einmal mit einem Tadel davon und beschloss an diesem Tag den Schelm zu ignorieren.

Wer sich aber im Leben einmal umgesehen hat, der weiß, dass es überhaupt nichts bringt, wenn man die Worte der Eltern befolgt: „Wenn Dich einer ärgert, einfach nicht beachten, dann verlieren sie die Lust und gehen wieder." Nichts da. Wenn man den Bösewicht, den Klassenangeber oder den Schelm im Nacken ignoriert, stachelt sie das nur zu ungeahnten Höchstleistungen an.

War ich mal in der Disco und versuchte mit einem netten Mädchen ins Gespräch zu kommen, tanzte er auf meiner Schulter herum und brüllte mir ins Ohr: Die kriegst Du eh nicht, die wirst Du niemals flachlegen, Du bist ein Schlappschwanz..." und so weiter. Kein Wunder, dass es mit den Mädels nicht funktioniert hat, steht man vor ihnen und klopft sich ständig auf die Schulter, bekommt erst einen nervösen, dann einen irren Blick und schreit letztendlich „Wenn ich will leg ich hier alle flach, halt endlich die Fresse!", während sie Dir gerade angeregt von ihrem Psychologiestudium erzählt. So mancher Drink landete in meinem Gesicht, so manche Ohrfeige bekam ich. Woggowoggo lachte nur. Er hatte sich auch äußerlich verändert. Sah er in meiner Kindheit aus wie ein etwas bekloppter Monchichie, trabte nun eine Gestalt auf meinem Nacken herum, die wie eine Collage aus einem Gemälde von Hieronymus Bosch aussah. Ein schwarzer Kapuzenmantel, Krähenfüße und ein Krokodilsmaul. Die Rassel und die Tröte hatte er nicht mehr, dafür bugsierte er ständig einen

Ghettoblaster auf seinen Schultern, aus dem wahlweise Scooter oder Wolfgang Petry an meine Trommelfelle polterte. Und das Schlimmste war: Woggowoggo sang meistens mit. Stellen Sie sich ein Alptraumwesen vor, das mit breitem sächsischen Akzent grölt: „Weiß der Geier oder weiß er nicht, scheißegal ich liebe Dich..." Das ist nicht schön.

Ich ging zu etlichen Therapeuten, man attestierte mir das Tourrett-Syndrom, gab mir verschiedene Pillen, nichts half. Ich versuchte es mit Alkohol, aber man kann sich ja noch nicht mal ordentlich betrinken, wenn einem ständig jemand ins Ohr brüllt: „Einer geht noch, einer geht noch rein!"

Schließlich hatte ich resigniert. Ignorieren hatte nicht geholfen, also ergab ich mich meinem Schicksal und tat alles, was mir Woggowoggo ins Ohr brüllte. Ich fasste fremde Frauen an, verhöhnte Jesus in der Kirche, entblößte mich vor Nonnen und trat nach kleinen Hunden von ähnlich kleinen Omas. Ich wurde verhaftet. Im Gerichtssaal gab Woggowoggo noch mal alles: Er brüllte mehrere Minuten lang die Nationalhymne der DDR, bis ich einfach nicht mehr konnte. Bei der zigsten Wiederholung von „Auferstanden aus Ruinen..." fuhr es aus mir heraus. Mein Rechtsanwalt wollte gerade eine emotionsgeladene Rede über meine schwere Kindheit halten, da steckte ich mir die Finger in die Ohren und schrie „Lalalala, ich hör Dich nicht!"
Ich wurde eingewiesen.

Hier im Sanatorium ist es schön still. Woggo fand es dort nicht so lustig, weil es einfach niemanden ärgerte, wenn ich schimpfend, fluchend und tretend herumpolterte. Alle lächelten nur und gaben mir beruhigende Zäpfchen. Die Batterien aus seinem Ghettoblaster gaben auch ihren Geist auf und er war wieder der kleine behaarte Wicht mit Rassel und Tröte. Bald hörte er völlig auf mit dem Krach und verblasste langsam. Ich glaube, jetzt sitzt er auf der Schulter von Edmund Stoiber...

Liebe Bild-Online-Redakteure!

Ihr Guten, Ihr Schönen, ich möchte Euch danken und preisen. Ich möchte Euch den Ruhm zukommen lassen, den Ihr zweifelsfrei verdient habt, der jedoch in der barschen Kritik so genannter Intellektueller und gebildeter Menschen hoffnungslos untergeht. Oft müsst Ihr im Dunkeln nach Hause schleichen, weil Ihr sonst verprügelt werdet. Mit Unterlassungsklagen werdet Ihr geohrfeigt, Häme und Spott berieseln Euch jeden Tag, Eure Mütter dürfen nicht wissen, welchen Beruf Ihr ausübt. Lernt Ihr ein Mädchen in einem Ausgeh-Etablissement kennen, sagt Ihr, ihr arbeitet im Zoo oder als Lehrer, vielleicht auch als Tierpsychologe, nur um den Augenblick zu verlängern, in dem Ihr nicht nur unter Euresgleichen existieren müsst. Denn erfährt sie, dass Ihr eigentlich für die Bild-Zeitung schreibt, ist das Rendezvous beendet und an das alte Salami-Spiel dürft Ihr nicht mal mehr denken. Ihr müsst Euch falsche Namen ausdenken, die Ihr unter Eure Artikel setzt, um nicht von Mutter und Vater enterbt und verstoßen zu werden. Ihr müsst Euch verkleiden, wenn Ihr das Redaktionsgebäude betretet. Mit Perücke, falschem Bart und weitem Mantel schleicht Ihr gebeugten Hauptes in den frühen Morgenstunden um die Häuser, wenn sich sonst niemand auf den Straßen tummelt, um Eurer Berufung nachzugehen. Denn eine Berufung ist es mit Sicherheit, vielleicht auch ein Gottesgeschenk. Denkt doch nur einmal an Jesus, und scheut Euch nicht, Euer Bild neben seines zu hängen! Er wurde Zeit seines Lebens auch verkannt, hat gelitten und seine Glorie wurde erst nach seinem Tod gepriesen.

Ausgelacht werdet Ihr, und müsst unter Tränen verfolgen, wie Eure Schöpfungen öffentlich von so genannten Komikern denunziert und verrissen werden. Dabei sind doch eben diese Menschen die Kleingeister, denen der Verstand und die Sensibilität fehlen um Eure Botschaften und poetischen Kreationen zu würdigen, ja zu verstehen.

Ich fühle mit Euch! Ständig habt Ihr diesen Drang in Euch zu schreiben, zu machen und zu schaffen, habt Euch ein Forum aufgebaut, um Eure ungebundene Lebensfreude unter das debile und noch nicht bereite Volk zu geben. Wäret Ihr damals schon gewesen, hätte Luther seine Thesen nicht an die Kirchentür genagelt, er hätte eine Titelserie bei Euch gehabt. Ich sehe die Schlagzeile schon vor mir, an jeder Bahn- und Bushaltestelle in großen Lettern: „Schluss mit Lustig, Ihr da oben! Täglich Tolle Thesen, jetzt in Bild"

Ihr seid verkannte Genies, Euch gebühren Preise, Trophäen und Bamben. Erkannt habe ich die wahre Kunst Eurer Worte, als der dicke Mooshammer verkabelt wurde. Als der lustige Mann, der den Kekstest für den Cappuccino erfand, der aussah wie ein überreifer Schopftintling, das Zeitliche segnete, segnetest Du, lieber Bild-Online-Redakteur ihn mit diesen Worten:

Sein bizarres Leben zwischen Glanz und Sünde

Da muss man nicht erst die Zwischenprüfung in Literaturwissenschaft gemacht haben, um zu erahnen, was für eine Wortgewalt in dieser Titelzeile steckt!

Doch dann kommt ein Teil, in dem die gnadenbringende Botschaft nicht mehr versteckt im Subtext mitschwingt.

ER war ein Schwan – und ein Schlawiner.

Und das ER schreibst Du komplett in Großbuchstaben, wie es sonst nur Gott vorbehalten ist. An dem Schmerz über den Verlust dieses dicken lustigen Mannes lässt Du uns teilhaben. Mit solch einer Präsenz Deiner Qual, dass ich nur noch durch den Schleier meiner Tränen weiter lesen kann:

ER hatte ein großes Herz – und dunkle Geheimnisse.

ER war sehr arm – und wurde reich.

ER war bizarr berühmt – und blieb ewig einsam.

Sein Leben war ein Märchen – ein Traum und Alptraum

Wie wunderschön Du schreibst! Wie gefühlvoll und ehrlich! Deine Worte lesen sich mit solch geballter Poesie, dass man sie lieber singen als lesen möchte...

Weiter versetzt Du uns in die letzten Nacht des lackhaarigen Paradiesvogels, als wärst Du bei ihm gewesen, als Rudolph M. das letzte mal in die Gefährtin der Zwielichtigen, aber auch der Rastlosen, der Schwärmer, Liebhaber und liebenswerten Randexistenzen eindrangst: In die Nacht:

Sein schwarzer Rolls-Royce (M-RM-111) glitt in der letzten Nacht seines Lebens elegant durch das glitzernde München, wo es am schmierigsten ist.

Rudolph Moshammer saß allein am Steuer und suchte die Liebe. Er fand seinen Tod.

Nie, aber wirklich noch nie hat ein Schriftsteller, Autor, Literaturnobelpreisträger Emotionen so stark zusammenballen können wie in diesen Sätzen. ...suchte Liebe. Er fand seinen Tod. Geschickt stellst Du ein Satzkonglomerat aus gerade einmal sechs Wörtern zusammen mit den radikalen Gegensätzen Suchen – Finden / Liebe – Tod. Oder möchtest Du auf den poetisch-philosophischen Ansatz von Maurice Maeterlinck hinweisen, dass die Liebe an sich eine Suche ist, deren Erkenntnis einem Tod gleichkommt, da sie ohne Suche nicht mehr existiert?

Du siehst, lieber Bild-Redakteur, mir bleiben die Tiefen Deiner Sätze und Aphorismen nicht verborgen. Ach ginge es doch allen Menschen so, wir würden Dir eine Sänfte bauen und Dein vom Denken müdes Haupt streicheln und salben.

Weiter entführst Du uns in das geheimnisvolle Leben des Rudolph M aus M.:

„Mosi" (ewige 50–65) war ein eitler Gockel. Er krähte skrupellos. Er lebte, liebte und log, bis sich die Perücke bog.

Noch haben wir Tränen in den Augen aus lauter Empathie, da zauberst Du uns mit diesem kleinen Reim ein Lächeln auf die Lippen. Du lässt uns auch im Moment der Trauer nicht allein.

Nun zeigst Du uns die Gewalt der Symbolik und der Gegensätze:

• *Seine falschen Haare waren ein Symbol für die Schatten seines Lebens.*

• *Er war homosexuell – und hat es ängstlich bestritten.*

• *Er war nie Schneider – und wollte Mode-Zar sein.*

• *Sein Hundetick war ein Werbegag (es gab hintereinander etwa 5 „Daisys") – auf einer Party lief er mit einem toten Yorkshire-Terrier in der Hunde-Handtasche rum: „Sie schläft."*

• *Sein bayerisches Lebensmotto (gesungen): „Moos' hamma, schee samma, reich samma, Scheich samma".*

Nun ist Dir natürlich bewusst, dass wir nicht alle aus den südlichen Gefilden Deutschlands herbeigeeilt sind um Deinen Worten zu lauschen beziehungsweise sie begierig mit unseren Augen aufzusaugen. Du besitzt die Weisheit und Gnade uns dieses Lebensmotte des leichtfüßigen Connaisseurs zu übersetzen

Übersetzt: „Geld haben wir, schön sind wir, reich – und Scheich".

Sogar in Reimform! Da hätte sich die gesamte Meute von Rilkes, Goethes und Morgensterns doch die Zähne dran ausgebissen! Du bist ein Teufelskerl!

Und schon folgt noch ein kleiner Reim, eine Art Sahnehäubchen auf dem vorangegangenen:

Er ist ein Original. Mit dem Herzen eines Engels
– und Bengels.

„Engels – Bengels". Verflixt, wie kommst Du nur auf so etwas?!

Und nun kommt das emotionale Herzstück dieses epochalen Werkes. Du lässt und daran teilhaben, dass Du diesen Tausendsassa, diesen galanten gefallenen Engel persönlich kanntest. Du bauschst es aber nicht auf, es sind die stillen Töne, die wir hier hören und die uns rühren:

Ich stand einmal neben ihm, am Tresen von
„Schumann's Bar". Wir tranken Bier. Er wirkte
müde, allein, einsam aber trotzig: „Das Leben
ist ein Geschenk. Das Leben ist schön. Geld
macht glücklich."

Du scheust Dich nicht, Wahrheiten auszusprechen, ja Du stellst Dich gegen die verlogene Gesellschaft mit ihren faden Sprüchen auf ihren Bannern. Natürlich macht Geld glücklich!
Ach würde doch nur jeder Mensch diesen Deinen Mut aufbringen und die Dinge bei ihrem Namen nennen...
Beim Lesen der nächsten Zeile fährt es mir wie eine Dampframme in die Magengrube, es tauchen Gefühle in mir auf, die ich noch nicht einmal kannte, geschweige denn, die ich benennen könnte. Es ist mehr als Trauer, mehr als Liebe,

beim Lesen dieser Zeile habe ich mich Gott nah gefühlt:

Er schenkte mir sein weißes Seidenstecktuch und verschwand in der Nacht.

Mir fehlt die Kraft und der Mut diese Worte zu kommentieren.

Du lässt uns einen Blick in die Welt der Schönen und Reichen werfen, durch die Augen von Mooshammer, was für ein genialer Schachzug!

Er hatte 100 Anzüge und 100 Paar Schuhe. Er schneiderte für die Könige von Schweden, Thailand, Saudi- Arabien, für Schwarzenegger, Bernstein, Lorne Green („Bonanza"), Hildegard Knef, Siegfried & Roy, Gracia Patricia, Multimilliardär Flick und Thomas Gottschalk.

Und dann die Kehrtwende! Aus der Jetset-Welt der ernüchternde Blick auf die eigene Existenz zwischen Feierabendbüchsenbier und Jugenddiktatur. Denn in eben der Sprache der Jugend lotst Du uns zurück, ja transzendierst uns zu uns zurück:

Am Schluß war seine Boutique ein Schrein seiner Legende: Seidenkrawatten und so.

Am Schluss Deines Jahrhundertwerkes schaffst Du dann das, was nur den Wenigsten gelingt: Du baust mit Deinen Worten ein Denkmal:

Er öffnete dem Tod die Tür.
Jetzt ist Rudolph Moshammer unsterblich.

Vielen   Dank,   lieber,   unbekannter   Bild-
Redakteur. Ich liebe Dich.

Rolf Rollmops

Rolf Rollmops konnte natürlich nichts für
seinen Namen. Den bekam er von seinen
boshaften Eltern. Eigentlich wollten sie nur fi-
cken und dann das. Die Eltern von Rolf Rollmops hießen Falter mit Nachnamen und nur um
ihrem Sohn mal so richtig eins auszuwischen und
ihm zu zeigen, wie wenig sie seine Einmischung
in ihr Leben tolerierten, ließen sie sich in Rollmops umbenennen. Der Vater von Rolf mochte
keinen Fisch, er (O-Ton) „hatte einen riesen-Hals
auf die Viecher", weil er sich einmal an einer

Gräte verschluckte. Das lässt tief auf das geistige Rüstzeug von Rolfs Vater schließen. Dass sie ihn dazu auch noch Rolf nannten, machte in ihren Augen die Sache erst richtig rund.

Rolf Rollmops war eben kein geliebtes Kind. Und auch kein beliebtes. Weil die Eltern ihm wirklich keine Freude und auch keine Freunde gönnten, rieben sie jeden Morgen seine Kleidung mit einer alten Sardine ab. Außerdem musste ein altes Fischbrötchen als Pausenbrot herhalten. Jeden Tag das gleiche Brötchen. Dass Rolf nicht auf die Idee kam dieses in allen Regenbogenfarben riechende Brötchen wegzuwerfen, zeigt, dass Rolf Rollmops nicht nur erbärmlich stank, er war auch noch erbärmlich blöd.

Blödheit, Stinken und keine Freunde haben, sorgte dafür, dass Rolf Rollmops bald genauso böse und verschlagen wurde wie sein Vater, der ihm bei der Einschulung statt einer Schultüte eine Dose Heringsfilet pikant von Homann in die stinkenden Finger drückte.

Ständig gab er Schulkameraden und Lehrern Ohrfeigen, die sich gewaschen hatten. Im Gegensatz zu Rolf, der sich eigentlich nie wusch. Falls mal jemand fragte, warum er denn gerade eine Ohrfeige kassiert hatte, meinte Rolf immer „nur so." Und fügte noch ein „Du Arsch" hinzu. Gewagt zu wehren hatte sich nie jemand, die Lehrer nicht, weil sie Angst vor seinen Eltern hatten, die Mitschüler nicht, weil sie sonst nur noch eine eingefangen hätten. Und Rolf Rollmops war ein Kind wie ein Barsch: Groß, breit, trotzdem flink, verschlagen und bissig. Und

Schuppen hatte Rolf auch. Allerdings nur auf dem Kopf.

Rolf Rollmops war ein richtiger Kotzbrocken. Manchmal sammelte er am Hafen alte kaputte Fische und stopfte diese dann in die Schulranzen der Mädchen, die natürlich fürchterlich weinten. Das war das schönste für Rolf Rollmops. Wenn ein Mädchen weinte, dann lächelte er sogar ein bisschen.

Man überlegte schon die Schule zu schließen und alle, Schüler und Lehrer in ein FBI-Schutzprogramm zu schicken, doch die Mitschüler kamen diesem Plan zuvor.

Sie warteten bis zu dem Tag, als Rolf Rollmops der letzte in der Klasse war. Schnell versperrten sie die Tür und aktivierten die Sprinkleranlage. Sie standen draußen vor den Fenstern zur Klasse und beobachteten wie sich das Zimmer langsam aber sicher mit Wasser füllte. Bald konnte Rolf Rollmops nur noch schwimmen, und das nicht besonders gut, trotz seiner fischaffinen Lebensweise. Er versuchte durch die Fenster zu entkommen, die hatten seine Mitschüler jedoch vorher nicht nur ordentlich abgeschlossen, sondern auch noch sorgfältig mit Silikon abgedichtet. Irgendwann war der gesamte Raum mit Wasser gefüllt und Rolf Rollmops ertrank.

Er wurde im schuleigenen Fischteich entsorgt, das Klassenzimmer wurde trocken gefeudelt und die Tafel geföhnt. Schnell ging alles wieder seinen Gang.

Nur manchmal ging einer am Fischteich vorbei, schüttelte den Kopf und murmelte; „Jaja, der Rolf, das war schon ein ganz schlimmer..."

Selig sind die Geistig armen

Ich habe keine Lust mehr. Sitte, Anstand, Benehmen, Rücksicht und Intelligenz rauben mir Freunde und Lebensqualität. Ich möchte dumm werden. Ich möchte ein grober, ungehobelter Klotz werden, ohne serienmäßiges Gewissen und ohne Erziehung. Ich möchte mich fugenlos in diese dumm-dreiste Arschgesellschaft fügen, mit

Trainingsanzug in die Oper gehen, ach nein, in die Oper will ich ja auch nicht mehr. Ich möchte im Netzhemd herumrüpeln und voller Freude Behinderte verhöhnen. Ich möchte Scooter und Alexander von den Superstars gut finden. Ich möchte einen Bierbauch haben und Fußballfan werden. Ich möchte Gast bei Olli Geissen werden und dort sagen, dass ich dicke Titten geil finde und jede Nacht einen One Night stand haben.

All diese Gedanken schossen mir durch den Kopf, als meine Abhandlung über eine Interpretation der Hegelschen Original-Texte schon wieder abgelehnt wurde. Intellekt gehört schon lange nicht mehr zu den Faktoren der heutigen natürlichen Auslese, stelle ich wieder fest. Das sieht man ja auch an Amerika, dem dümmsten Volk der Welt. Ich scheine allein zu sein, selbst meine fundamentalen Ergebnisse des Vergleiches Kafka mit den Hopi-Indianern scheint niemanden zu beeindrucken. Ich habe keine Lust mehr die einzige Enklave des geistigen guten Geschmacks zu sein. Eine Trutzburg inmitten der geistigen Insuffizienz.
Es geht einfach nicht mehr, ich scheine zu ertrinken, sehe meine Existenz gefährdet. Und das ist wörtlich gemeint. Wird man nicht mehr beachtet, geht man unter, verschwindet einfach, löst sich in einem kleinen rosa Logikwölkchen auf. Ich muss etwas dagegen tun. Hat man kein Benehmen, scheint es einem doch viel besser zu gehen. Einem Trottel sind doch die wahren Probleme dieser Welt völlig egal und Unwissenheit scheint

froh zu machen. Zerbreche ich mir ständig den Kopf über Ethik, Weltpolitik und die Frage ob Gott existiert, schläft der Mob ruhig und träumt von neuen lauteren Vergasern und Spoilern.

Das will ich auch! Gehen bei mir die Frauen schnell das Weite suchen weil ich ihnen schon beim ersten Treffen beichte, dass ich mich ihr gegenüber stellvertretend für das gesamte männliche Geschlecht entschuldigen möchte für Jahrtausende patriarchischer Unterdrückung.
Und dass ich sie anbete allein ob ihrer Fähigkeit zu gebären und Leben zu schenken. Der gemeine Prolet hat es einfacher. Sucht er sich zielsicher, reduziert auf seinen Urtrieb ein Weibchen aus, das ihm in Sachen Vakuum zwischen den Ohren in nichts nachsteht, braucht er meist nur ein bis zwei Sätze und der Akt ist fast schon vollzogen. Mit der Triebbefriedigung als oberstes Ziel läutet der Satz: "Du, ich find Dich geil!" das Vorspiel ein.

So suhle ich mich in der Verzweiflung, die neue Ablehnung des Verlags in der Hand. Nein, ein historischer Roman mit langen Auszügen in rätoromanisch über die Spinnradbauern im mittelalterlichen Bern sei nicht gefragt, ich würde am Zeitgeist vorbei schreiben. Diese Zeit hat keinen Geist, deprimiere ich vor mich hin. Die Lektorin versucht mich noch aufzumuntern: Schreiben Sie doch mal so was wie der Bohlen oder der Effenberg, so was hat gerade schwer Konjunktur! Ich habe es ja versucht! Ich habe eine Biografie von Walther von der Vogelweide geschrieben, sogar mit allerlei erotischen Kapriolen darin! Auch das wollten sie nicht haben. „Mittelhochdeutsch versteht doch keiner!" war ihr Argument. Aber es wirkt doch nur so, war mein verzweifelter Schrei nach Gerechtigkeit!

„Was tun?" war die erste Zeile auf dem Plan zur Bewerkstelligung meiner inneren Metamorphose. Wie kann man die eigene zerebrale Leistung soweit herunterschrauben, dass das Barometer des Intellekts gefährlich eng mit der Gradzahl der Zimmertemperatur einhergeht? Eine selbstbewerkstelligte Lobotomisierung scheidet aus, da ich zwei linke Hände habe. Natürlich habe ich die. Ich bin ein Mann des Geistes, ein Mann des Wortes und der Metapher. Ein Krieger mit der Feder und nicht mit der Lanze! Ich brilliere mit der Leistung meines Hirns und nicht mit der Leistung meines Autos. Ich kann aus dem Stehgreif die ersten vier Grundsätze des Euklid nicht nur auf die moderne bezogen beweisen, ich kann sie sogar im Stil Picassos in ein kubistisches Gemälde übersetzen. Aber das interessiert ja niemanden.

Neulich fragte mich die Gemüseverkäuferin im Supermarkt, ob sie mir statt der verlangten zwei Paprika nicht drei einpacken solle, die seien doch so klein. Da käme es auf das Gleiche heraus. Ich fand ihre unbedarfte Art sehr nett und wollte einen Spaß machen, sagte also: „Jaja, Dialektik, wo man hinschaut, auch am Gemüsestand!" Daraufhin schaute sie mich mit verständnislosen Augen an, die mich nun, im klaren Schattenriss meiner präzisen Erinnerung, doch sehr an dumme Kuhaugen erinnerten. „Aber ich habe doch gar keinen Dialekt, meinte sie, tumb wie sie war." Damals im Supermarkt verspürte ich noch nicht den Drang meine Intelligenz zu dezimieren um nicht mehr die Schmach und den Schmerz des einsam Überlegenen zu spüren. Damals war ich noch der nachsichtige und weiche, der nicht wie jetzt gerne die Faust sondern lediglich den Zeigefinger erhob.

Und so erwiderte ich in Gesellschaft von Türmchenbroccoli und Fluganas, ich muss wohl auch leicht gönnerisch gelacht haben, nun schaudert es mich: „Aber meine Lieb, ich sprach doch nicht von ihrer, sicher recht einfachen, doch nicht wenig charmanten Phonetik! Ich sprach von der Dialektik allüberall. Verstehen Sie denn nicht? Sie wollten mir nun drei statt zwei Paprika geben, da die offerierten nicht der üblichen Größe entsprechen. So sollen nun die drei Exemplare aus der Gattung der Nachtschattengewächse die Masse der ursprünglich angedachten zwei simulieren. An was erinnert uns das? Na?" Da sie mich fürderhin nur noch verständnisloser angaffte, seufzte ich und erlöste sie aus der Unwissenheit. „Es war doch Kant, der behauptete, die Dialektik sei die Beschäftigung mit Dingen außerhalb des möglichen Erfahrungsbereiches ("Logik des Scheins") und führe daher unausweichlich zu unauflösbaren Widersprüchen. Der Widerspruch ist doch nun, dass die drei Früchte zwar eventuell die gleiche Masse der gewünschten drei aufweisen, bei der Zubereitung gefüllter

Paprika für zwei Personen unausweichlich zu einem kaum lösbaren Problem führen."

Das verstand sie so gar nicht und meinte nur: „Dann machen sie doch gefüllte Auberginen, die sind momentan schön dick."

Warum Zebras aussehen, wie Zebras aussehen

Es war einmal vor gar nicht allzu langer Zeit, da sahen Zebras gar nicht so aus, wie Zebras heutzutage aussehen. Sie sahen aus wie ganz normale Pferde. Manche braun, manche schwarz, manche auch gefleckt, aber so lustige Streifen hatten sie damals noch nicht. Wozu auch. Nun muss man denjenigen erklären, die sich mit den allgemeinen tierischen Charaktermerkmalen nicht ganz so gut auskennen, was das Wesen der Zebras damals ausmachte. Quasi die inneren Werte der Zebren.

Sie glichen ungefähr dem Gros der heute 14 bis 17 jährigen jungen Menschen. Die meiste Zeit bestimmt von Gedanken wie „Cool, will ich auch haben!" oder „Ich will das auch, der Kevin hat das schon!" oder „Die Chantal hat auch gehört, dass das total cool ist..." Im Großen, Ganzen also Mitläufer, Neider, Markenreiter, wenig eigene Gedanken und erst ein schwach ausgeprägter eigener Wille. Eine Fruchtfliege ist zielstrebiger.

So galoppierte also eines Tages eins der gerade ziemlich angesagten Noch-Nicht-Zebras durch die Weite der afrikanischen Serengeti. Im übrigen hießen sie damals auch noch gar nicht Zebras, sondern irgendwie anders, erst später bekamen sie diesen Namen von den Eingeborenen des Ndongondongo-Stammes. In deren Sprache heißt Zebra soviel wie „Pferd mit bekloppten Streifen". Wie passend.

Zurück zur Geschichte: Der herumgaloppierende Vertreter dieser Rasse war gerade also total in, hip, cool, fett, endgeil oder wie auch immer, nennen wir ihn flugs „Mario", und trottete an einem Camp von Safari-Touristen vorbei. Dort bekam er eine Unterhaltung zwischen zwei halb verblödeten Touristen mit, die in Afrika mal ihre Wurzeln spüren wollten. Das man das jetzt so macht, hatten sie in irgendeinem völlig unnützen Life-Style-Magazin gelesen.

Jedenfalls schließt sich hier der Kreis und es zeigt sich, das sich Mensch und Tier doch nicht so fremd sein können. Die beiden Vertreter des Ethno-Tourismus waren nämlich genau so doof wie Mario. Und hörten ebenfalls nur auf die angesagtesten Stimmen um deren Meinung sofort zu ihrer eigenen zu machen. Die von Mario belauschte Unterhaltung war folgende:

„ Also der neue Spielberg kommt ja in schwarz-weiß raus..."

„Ach ja? Das ist ja interessant, worum geht es denn?"

„Weiß ich nicht so genau, irgendwas mit Juden..."

„Cool, schwarz-weiß find ich super!"

„Klar, ist ja auch viel wahrhaftiger, ich fotografier auch nur noch schwarz-weiß. Ist echter."

„Jajaja, genau, mach ich auch jetzt! Ich find alles, was schwarz-weiß ist total super!"

Na ja, so ungefähr jedenfalls. Mario hörte das alles und machte sich seinen ganz eigenen Reim darauf. „Ich will auch cool sein! Und hip! Und so weiter! Mal sehen: Vielleicht unten weiß und oben schwarz? Oder umgekehrt? Schwere Entscheidung..."

Diese Entscheidung wurde ihm jedoch sofort abgenommen, als er die beiden Frauen der frischgebackenen Schwarz-Weiß-Fans belauschte. „Hier, mein neues Tropenkostüm, atmungsaktiv, Moskitodicht, schweißabsorbierend, natürlich nur Handwäsche, aber – gestreift! Mein Therapeut hat mir geraten, ich solle viel Gestreiftes tragen, das baut Hemmungen ab. Und macht schlank! Außerdem stand das in der Bunten. Und in der Gala!"

„Ach Gitti, wie Recht Du doch wieder hast! Ich gehe sofort morgen früh in den Dorf-Shop und kaufe mir auch etwas Gestreiftes! Du bist ja so fortschrittlich!"

Dies alles hörte Mario. Und wusste, was er zu tun hatte. Also nicht ebenfalls in den Dorfshop rennen und von nun an in Frauenkleidern herumlaufen, nein Schwarz-Weiß und Streifen, das war sein erklärtes Ziel! Er übersprang einfach ein paar tausend Jahre Evolution, scherte sich einen Dreck um die natürliche Auslese, Darwin war ja auch noch nicht geboren und war am nächsten Tag Schwarz und Weiß gestreift. Da es sich bei Mario quasi um den Klassencoolen handelte, wollten nun alle seine Artgenossen auch so aussehen. Und das taten sie dann auch. Folge war, dass die Ndongondongos sie von da an Zebras, also Pferd mit bekloppten Streifen nannten. Und das sie von allen anderen ausgelacht wurden. Deshalb sind sie auch so bissig.

Es gab übrigens noch ein Tier, das noch blöder als das Zebra war. Das Okapi. Bei ihm kam noch Unentschlossenheit hinzu. Und es wollte es wirklich jedem Recht machen. Sah es vor seiner selbstgewählten Metamorphose ganz akzeptabel aus, ist es heute eine Mischung aus Antilope, Zebra und Kamel. Kein Tier geht häufiger in Therapie.

Merke also: Rennt man jedem Trend hinterher, lässt sich heute tätowieren, morgen das Schulterblatt piercen, übermorgen den Umriss von Sylt auf den Hintern branden, muss das nicht unbedingt cool sein. Manchmal sieht man nachher einfach nur bescheuert aus.

Wie die fliegenden Fische entstanden sind

Es war einmal vor langer, langer Zeit, also diesmal wirklich vor sehr langer Zeit, vor so langer Zeit, da hingen wir Menschen noch in den Bäumen und hingen ausschließlich den Gedanken der Fortpflanzung und Nahrungsaufnahme nach. Schaut man sich allerdings mal um, so ist es bei manchem gar nicht so lange her, höchstens ein paar Stunden. Doch diese Geschichte ist wirklich lange her und spielt im Wasser. Menschen gab es also nicht, das Wasser war noch sauber, Öl war da, wo es hingehört, irgendwo unter der Erde und Sportfischer waren auch noch nicht fertig. Allerlei Viecher tummelten sich da im nassen Element, alle erschaffen vom unvergleichlichen und kreativen Poseidon. Heutzutage wäre er Designer und würde uns wahrscheinlich mit doofen Klamotten auf die Nerven gehen, die ausschließlich in Düsseldorf verkauft würden. So kreativ war er. Für Bekleidung gab es damals aber noch keine Notwendigkeit, also schuf und designte er Fische und das ganze andere Kroppzeug was im Meer wohnt.

An Artenvielfalt kaum zu übertreffen, manches schön und manches hässlich, aber alles mit hohem Wiedererkennungswert. Alles ist irgendwie etwas Besonderes und vieles ruft ein lautes „Hallo" hervor, könnte man unter Wasser sprechen. Alles? Nicht ganz. Da gab es eine Sorte Fische, die von Poseidon ein wenig nachlässig kreiert wurde. Diese Fische sahen so unspektakulär aus, so nach nichts, quasi ein Schluck Wasser im Meer. Niemand konnte sich an sie erinnern, auch wenn sie gerade an einem vorbei schwammen. Das muss man sich ungefähr so vorstellen: Der Fisch, der nach nix aussah und übrigens auch keinen Namen hatte, nennen wir ihn im folgenden einfach Fisch-Fisch, dieser Fisch-Fisch schwamm also durch einen lustigen Makrelenschwarm, der gerade auf dem Weg zum Wasserballett oder sonst wohin war. Dann sagte eine Makrele zur anderen: „Wer war das denn?" Antwort: „Wer denn, hab gerade nicht hingeschaut. Wie sah er denn aus?" „Ach ich weiß auch nicht, kann mich schon gar nicht mehr erinnern..."

Und so ging es ständig. Kein Name, nach nix aussehen, keine Chance bei anderen Fischen. Kein Wunder, dass sich die Fisch-Fische sich nicht unbedingt wohl fühlten. Selbst auf ihrer eigenen Beliebtheitsskala rangierten sie irgendwo weit unten.

Also wählten sie den mutigsten aus ihren Reihen und schickten ihn zu Poseidon. Er wurde dem Meeresgott vorstellig, der gerade in seinem Hobby-Raum an irgendetwas unglaublich frickeligem bastelte. Der Fisch-Fisch hub an zu sprechen: „ Entschuldigt bitte, wir haben das Maul voll. Wir wollen auch etwas besonderes, etwas, wonach wir benannt werden, sei es auch, wenn es uns entstellt, was uns aber wenigstens einen Namen gibt!" Zu Poseidon muss erwähnt werden, dass er nicht besonders geduldig ist, schnell aufbrausend, fast jähzornig und auf keinen Fall Kritik vertragen kann. Und er geht mit seinem Werkzeug oft etwas schlampig um. Eines Tages suchte er vergeblich seine nigelnagelneue Säge, später stellte sich heraus, dass er sie beim Basteln in einem neuen Fisch einfach vergaß. Kunstfehler. Eine Sache, die Poseidon sehr peinlich war. „Wenn dass eine Anspielung auf diesen blöden Sägefisch sein soll, gibt's Kasalla! Ich habe tausendmal gesagt, dass es ein Versehen war!" Der Fisch-Fisch wollte ihn direkt beschwichtigen: „Nein, nein, soll es natürlich nicht sein!" Konnte sich aber nicht verkneifen, ein leises, laut gedachtes „Und der Hammerhai? Was ist mit dem, Du Trampel?" zu sagen.

Das hörte Poseidon natürlich und in einem Wutanfall warf der Wassergott mit einem Gallertklumpen, aus dem immer alles Leben entsteht, nach dem armen Fisch-Fisch. „Hau ab und lass mich zu Frieden, ich will arbeiten! Aufmüpfige Fische kriegen gar nichts!"

Der Fisch-Fisch trollte sich und der Gallertklumpen blieben auf dem Boden des Hobby-Raumes liegen. So sind übrigens dann die Quallen entstanden.

Der Fisch-Fisch trollte sich, wollte aber nicht zu seinen Artgenossen zurück, da er sich nicht traute, die schlechte Nachricht weiter zu geben. Nach einer Weile unruhigen auf- und abschwimmens dachte er sich „Ach versuch es doch noch mal, wer sich so schnell aufregt, regt sich sicherlich genauso schnell wieder ab." Und schwamm abermals zu Poseidon. Von schnell abregen wollte der aber nicht wissen. Zornig ließ er einen halbfertigen neuen Fisch, dem noch sämtliche Flossen, das Maul, eigentlich alles fehlte auf der Werkbank liegen, wo er ihn später auch vergaß, zack Seegurken, stampfte auf den verängstigten Fisch-Fisch zu und brüllte ihn an „ Freundchen, ich habe Dich gewarnt! Jetzt gibt's Ärger!", und er zog ihm die Ohren lang, in Ermangelung der Ohren mussten allerdings die Brustflossen herhalten. Und da Poseidon ein Gott war, konnte man das Langziehen ruhig wörtlich nehmen!

So entstellt schwamm der Fisch-Fisch zu seinen Kollegen zurück, bitter weinend. Er wollte mit einer guten Nachricht heimkehren und jetzt das! „Ich seh' ja bescheuerter als ein Mondfisch aus, selbst der Buckelwal seiht neben mir wie eine Märchenprinzessin aus! Säfisch und Hammerhai werden mich im Chor auslachen...“ Und so weiter klagte und jammerte er. Zufälligerweise blickte er aber auf dem Weg nach oben, als plötzlich eine Möwe dicht über der Wasseroberfläche flog. Da blieb er abrupt stehen und betrachtete seine grotesk lang gezogenen Flossen. „Moment mal! Vielleicht...“ Gedacht, getan. Er erhob sich, wenn auch nur für eine kurze Strecke aus dem Wasser und flog! „ Ich kann fliegen! Ein alter Fischheitstraum wird wahr für mich!“ Schnell schwamm er zu den Seinigen und zeigte ihnen das Wunder, das eigentlich als Strafe gedacht war. Was war das für ein Applaus! Jede nachfolgende Generation hatte nun auch diese Flossen-Flügel, und „fliegende Fische“, wie sie nun ehrfurchtsvoll genannt wurden, vermehrten sich schnell. Kein Wunder, hatten sie bislang doch niemanden, der mit ihnen spielen wollte.
Nun hatten sie trotzdem etwas besonderes, einen neuen Namen und waren beliebt, vor allem konnte sich aber nun jeder an sie erinnern.
Und manchmal, wenn sie über Poseidons Hütte fliegen, würden sie ihm eine lange Nase machen. Wenn sie könnten. Aber was nicht ist, kann ja noch werden...

74

Wie ich mal von Ausserirdischen entführt werden sollte, dann aber doch nicht

Eines schönen Abends landete ein großes silbernes Raumschiff in meinem Vorgarten. Da das nicht alle Tage vorkommt, machte ich einigermaßen große Augen. Allerdings ist man ja durch diverse Filme darauf vorbereitet, wenn sie tatsächlich kommen, was ja nun geschehen war.

Die Tür von der Untertasse geht auf und ein Wesen mit bleicher Haut und großem Kopf steigt aus und auf mich zu. Es sah auch genau so aus, wie wir uns einen Außerirdischen vorstellen. Dann fing es an zu sprechen.

„So, jetzt hör mal zu, Du kommst jetzt mit uns."

Sehr gefasst, worüber ich selbst überrascht war fragte ich wieso.

„ja, also wir brauchen Deine DNA"

„Und wozu?"

„Nun wir kommen von dem fernen Planeten Zempf und hatten in der Vergangenheit ein wenig Pech." Druckste er herum.

Die Unterhaltung fing an mich zu langweilen, außerdem hatte ich noch einen wundervollen Topf Feuerzauber Texas auf dem Herd.

„Und was für Pech?"

„Also gut: Durch einen Fehler der Kulturentwicklung auf unserem Planeten kam es, dass wir uns nur noch innerhalb der Familie vermehret. Irgendwer fing damit an und alle machten es nach. Und durch einige hundert Jahre Inzucht wäre der Genpool nun nicht sehr abwechslungsreich."

„Dann kommt Ihr nicht vom Planeten Zempf sondern aus der Eifel." Entgegnete ich.

„Außerdem schwand bei uns durch diese fort-während Inzucht die Kunst zu kochen und durch schlechtes Essen sank nicht nur die geisti-ge Leistung, wir wurden auch noch hässlich."

„Doch nicht Eifel – England", dachte ich mir.

„Naja und jetzt kommst Du ins Spiel. Wir haben die Erde schon lange beobachtet und finden, wir könnten unser Erbmaterial mit Eurer DNA ein wenig aufpeppen. Ihr seid doch ein tolles Volk, und zufälligerweise fiel die Wahl auf dich, Erd-ling."

Also da hatte ich jetzt aber entschieden etwas dagegen, meine kostbare DNA auf einem engli-schen Eifelplaneten namens Zempf zu ver-schwenden.

„Mooooooment", fing ich an „Soo toll sind wir doch nun auch wieder nicht. Da gibt es doch bestimmt besseres Material im Universum."

„Aber ihr habt eine großartige Kultur!" sagte er und erzählte mir von Mozart, den Beatles, Duke Ellington und ich glaube auch von den Ramones.

„Jajaja, das war schon toll, aber mit der Beto-nung von WAR. Das ist alles schon eine Weile her. Wahrscheinlich haben diese Informationen sehr lange zu eurem Planeten Zempf gebraucht. Da kriegt man ja nur Infos aus der Vergangen-heit, das weiß doch jeder, der Joachim Bublath und seinen Dixieland-Boys aufmerksam ge-lauscht hat.

Ich erzählte ihm von Daniel Küblböck und von Scooter. Ich spielte ihnen Musik – Musik? –

76

Naja zumindest Töne von Wolfgang Petry und von Marianne und Michael vor.

Dem ersten wurde bei diesem kakophonisch Erbrochenen schon ganz grün im Gesicht.

Ihr Anführer wurde nachdenklich.

„Hmmm, also schöne Musik macht ihr wirklich nicht. Aber unser Volk ist eh nicht sehr musikalisch. Wir lesen lieber. Zumindest taten wir das vor der großen Verschmutzung unseres Genpools. Wir haben Bücher von Euch gelesen: Kipling, Mann, Kafka und so weiter."

„Ach das ist doch schon soo lange her. Heute werden keine guten Bücher mehr geschrieben."

„Was zu beweisen wäre!", sagte der außerirdische Anführer mit dem Leck im Geenpool.

„Nichts leichter als das" und präsentierte ihnen die Bücher von Dieter Bohlen, Stefan Effenberg und Generation Golf von Illies.

Langsam wurden sie nervös. „Aber tolle Staatsmänner habt ihr doch!"

„Nein, nicht mehr." Ich zeigte ihnen Reden von Ede Stoiber und den Schlächtern von der CSU. Dann packte ich den Hammer aus: „Das ist George W. Bush. Er regiert das mächtigste Land dieses Planeten und sagt solche Sachen: „ Ich weiß, dass Mensch und Fisch friedlich zusammen leben können."

Ein paar Aliens konnten sich das Schmunzeln nicht verkneifen, wurden aber sofort mit einem strengen Blick von ihrem Anführer getadelt.

„Könnt Ihr wenigstens gut kochen?", fragte mich der Chef schon ziemlich resigniert.

„Hahaha", lachte ich laut und präsentierte ihnen typisch englische Küche. Einigen wurde sehr übel.

„Ihr seid echt nicht den weiten Weg hierher wert gewesen. Ich brauch jetzt erst mal ein Bier", sprach der Boss. Ich wusste natürlich, dass es eine Falle war und machte ihm ein Altbier auf.

„Pfui Spinne! Rotzte er das so genannte Bier aus. „Nicht mal das könnt Ihr!"

„Leute, wir hauen wieder ab", sprach er und die bunte Truppe verlies doch ziemlich deprimiert wieder meinen Vorgarten.

Sehr naiv sind diese Aliens dachte ich und ging erst mal ins Sonic-Ballroom um leckeres Bier zu trinken und gute Musik zu hören.

Mein Leben als Zahnarztfrau

Mir war ein wenig langweilig. Alles habe ich mitgemacht, wenig hab ich unversucht gelassen. Ich habe mir das Schulterblatt und die Pupille piercen lassen. Ich habe mir meine Nase von innen tätowieren lassen. Meinen Dickdarm hab ich selbst gebatikt. In dieser Situation der Langeweile, in der sich alles fad und öd anfühlt, geschah das unfassbare. Mein Handy wurde gestohlen! Ich hatte es nicht verlegt, hatte es nicht versehentlich weggeworfen, es war geklaut, gezockt, gestohlen, gemopst und abgegriffen. Das wusste ich deshalb so genau, da ich ihm doch noch einen drei Meter hohen Altar aus Streichhölzern gebaut hatte, zusammengeklebt, mit den Krümeln, die ich morgens in meinen Augenwinkeln fand und den seltsamen Speichelabsonderungen, ebenfalls morgens geerntet, jedoch nicht in okularer Umgebung sondern im Mundwinkel. Links und rechts.

Es befand sich nicht mehr auf seinem Altar, den ich selbstständig mit meinen unehelichen Nachbarskindern leberfarben angestrichen hatte. Es ging schnell, waren wir doch zu Drei Komma dritt. Ich wohne in einer sehr korrekten Gegend, deshalb haben meine Nachbarn zwei Komma drei Kinder. Das Telephon lag also nicht mehr auf seinem plasmafarbenen Dodo-Dauen-Nest und ich begann zu grübeln. Ich konnte es nicht verlegt haben, war ich doch immer sehr ausgeruht und ausgeschlafen. Ich als Zahnarztfrau arbeite eben viel im Sitzen, da ist man eben etwas wacher als alle anderen. Ich brauchte mein Handy zurück, weiß meine rechte Hand doch ohne ihre adäquate Beschäftigung nicht was sie machen soll und fängt unmotiviert an in der Nase zu bohren. Das kann ich mir als Zahnarztfrau nicht leisten. Vielleicht hatten ja die Kinder etwas mitbekommen. Schnell rief ich den mittleren meiner zwei Kinder, anrufen konnte ich ihn ja nicht mehr. Mein Sohn kam aus dem Kinderzimmer und ich bekam einen kleinen Schock, so groß war er geworden! Meine Ver- und Bewunderung sprudelte auch sogleich aus mir heraus: "Du bist ja schon ein richtiger Bratmaxe!", rief ich! Wir plänkelten eine Weile und ich erfuhr, das er die letzten drei Jahre zusammen mit seiner kleinen blonden Freundin auf deren Traumschiff verbracht hatte. Er durfte dort umsonst mitfahren, weil er half bei gutem Wetter das Heckdeck wegzuklappen. Barbie hatte ihn dann jedoch verlassen, um mit einem Werbetexter eine Karriere als Koksmodell zu starten. Mein Sohn blieb sich seinem Motto treu "lieber Karies statt Karriere" und liess sie ziehen. Zwei Dinge erklärte sein Reise: Kein Wunder, dass ich ihn die letzten Jahre nicht gesehen hatte, und dass er während der fraglichen Zeit des Diebstahls nichts gehört haben konnte. Das Wurstgesicht trollte sich. Meine Tochter nahm seinen Platz ein und stellte sich in die Fett- und Phosphatlache die er hinterließ. Sie war zu der mutmaßlichen Zeit auch nicht im Haus, bemerkte sie doch am Morgen die ersten Anzeichen von Ersatzflüssigkeiten und musste erst einmal schwimmen gehen. Da sie sogar in Milch schwimmt, hat sie einen ordentlichen Knochenbau und gesunde Zähne, im Gegensatz zu meinem kariösen, wurstgesichtigen Sohn. Und das mir als Zahnarztfrau. Schwimmen in Milch hellt jedoch nicht nur den Teint, sonder auch den Geist auf, wodurch meine Tochter zu zerebralen Akrobatiken in der Lage ist. Sie hatte sofort einen Verdacht: "Das waren bestimmt diese Fleckenzwerge!", sagte sie und mir schwoll vor Stolz die linke Brust. Diesen Verdacht konnte jedoch der Weiße Riese schnell entkräften, der sich liebevoll und gewissenhaft um die kleinen Racker kümmert. Die Zwerge hätten den ganzen Tag im Altersheim bei Tante Clementine verbracht, teilte er mir über das Dosentelefon mit. Ein anderes hatte ich ja nicht mehr.

Besorg schaute ich in den Spiegel aus lebenden Silberfischen und schnitt Grimassen, wie ich es immer mache um mich zu beruhigen. Da sah ich sie! Restflecken! Hatte ich doch, schließlich bin ich Zahnarztfrau, mir erst am Morgen die Zähne bei sechzig Grad gewaschen. Trotzdem Restflecken! Ich wusste, was ich zu tun hatte: Ich lief, so schnell ich konnte auf Händen zu Mama Miracoli. Auf Händen, hatte ich doch niegelnagelneue Graceland von Deichmann an den Füßen und wollte diese nicht abnutzen. Außerdem habe ich als Zahnarztfrau einen gewissen Stand zu repräsentieren und trage mich gerne selbst auf Händen.

Am Abend zuvor waren mein Mann, der übrigens Anwalt ist, und ich bei den Miracolis zum Essen, doch mit diesen Restflecken war beileibe nicht zu rechnen. Mama entschuldigte sich überschwänglich, ich verzieh ihr schnell und wir kamen auf den Diebstahl meines Handys zu sprechen. Sie überlegte kurz und meinte dann im Herbst mir einen Tipp zu geben:"Versuchs doch mal im Lachindianer-Land! Vom ganzen Weingummi-Saufen kommen die da doch auf die abstrusesten Ideen. Warum nicht einer angesehenen Zahnarztfrau das allerliebste klauen?" Recht hatte die gute Mutti! Schnell machte ich mich im glimmernden Polarlicht mit meiner Hailo-Standleiter auf den Weg ins Lachindianerland, was hatte ich schon zu verlieren?

Doch was soll ich sagen? Wie das Land, so das Jever, kein Stress, keine Menschen, kein Handy. Frustriert trat ich den Heimweg an, diesmal auf meinen Füßen, man gönnt sich ja sonst nichts. Ich traf noch einen Kollegen von meinem Mann, es war Dr. Best, doch der hörte mir gar nicht erst zu, wie besessen versucht er nun seit geraumen Jahren eine Tomate mit einer Zahnbürste zu zerteilen.

Missmutig kam ich zu Hause an, betrat das Haus und sah es schon von weitem: Mein Handy lag wieder auf seinem leberfarbenen Altar, eingebettet in das plasmafarbene Dodo-Daunenfedern-Nest, zwei Anrufe in Abwesenheit inklusive!

Was war passiert? Als ich mich zu Mamma Miracoli auf den Weg machte, wollten meine besorgten Kinder schon den General anrufen, da schellte es wohl an der Kellertür. Es war der schuldbewusste Dr. Beckmann, ein angesehener Fleckenexperte und ebenfalls Kollege meines Mannes mit dem Handy in der linken Verlängerung seiner hängenden Schulter. Er erzählte folgendes meiner verdorbenen Brut: Er kam morgens an unserem Haus vorbei, als ihn plötzlich ein unvorstellbarer Milchjiper packte. Durch das Küchenfenster im dritten Stock erspähte er mein Telefon, verwechselte es jedoch mit dem Milchdessert im Handyformat. Halten konnte er sich nicht mehr, zurück sowieso nicht und er nahm es an sich. Zu Hause, als er sich über sein vermeintliches Mahl hermachen wollte, bemerkte er den Unterschied.

Er wollte sich so gedemütigt schon aus dem Staub machen, er war schon auf dem Weg in Weekend-Vergnügen, und zwar vollgepackt mit tollen Sachen, die das Leben schöner machen, da packte ihn das schlechte Gewissen bei den Hühnerbeinen und schleifte ihn zu uns, wo er alles meinen missratenen Gören beichtete.

Natürlich verzieh ich Dr. Beckmann, schneidet er uns doch immer umsonst die Flecken aus den Kleidern, da vergisst man schnell so eine Unachtsamkeit. Wir nahmen uns schnell bei den Händen, stützten des Doktors hängende Schultern und begannen den berühmten Kanon zu singen: "Wenn die Sonne lila scheint hat jemand unser Kind entbeint!"

Es wurde ein langer Abend, im Frühling gingen wir auseinander.

Kindermund tut Wahrheit kund

Oder: „Weißt' was ich meine?!"

Lassen Sie mich ein wenig ausholen: In früheren Zeiten, da war persönliche Flexibilität noch ein echtes Einstellungshindernis. Wenn man da nicht auf einen Beruf, eine Fähigkeit oder das Denken in einer bestimmten Bahn fixiert war, galt man doch direkt als Luftikus, als Taugenichts, meinetwegen auch als Struwwelpeter. Wenn man sich da für die freie Stelle als Fleischereifachverkäufer bewarb und angab, dass einen nicht nur die Liebe zur Wurst beflügelt, sondern dass man nebenbei auch den ein oder anderen Heller mit dem Behufen alter Pferde verdient, dann war aber direkt der Zipfel am Wurstgeduldsfaden des Meisters erreicht und man konnte sich trollen.

Heute, ja heute ist aber alles ganz anders. Wenn man da wahrheitsgemäß erzählt, dass man mit Schreiben, Fotografieren und Designen seine Brötchen verdient, beziehungsweise verdienen kann, dann, ja dann, bekommt man den Job zwar auch nicht, weil man vom Style her nicht in die Bürocommunity passt, aber man geht mit dem guten Gefühl zum schwarzen Brett der Uni für die Aushilfsjobs, dass man wenigstens nicht ausgelacht wurde.

Flexibilität ist also ein ganz großes Thema. Und wer hat bei neuen Themen immer ganz weit die

Nase vorn? Richtig, unsere Jugend, die lieben Kleinen, die Racker und die Zukunft der Erde. Wenn man noch ein kleiner Mensch ist, dann ist es extrem wichtig sich Gehör zu verschaffen und zwar am besten noch bevor man der jungen Union beitritt. Und man muss eben flexibel sein, jede Situation schnell begreifen, sich wie ein Chamäleon verwandeln können um nicht im müden Malstrom der erwachsenen unterzugehen. Jeder Moment, jede Veränderung der Umgebung muss präzise interpretiert werden, in Sekunden, nein in Millisekunden müssen für jede Herausforderung Lösungen parat stehen, Zeit für Fehler gibt es nicht, der Eindruck muss perfekt sein, Erwachsene wollen anders behandelt werden als Gleichgestellte, als Chantal Shakira muss man wissen wer auf der eigenen Seite steht und wer der Feind ist. Am 11.11.2005 war Chantal Shakiras Feind ihre St. Martins-Laterne.

Sie muss etwa 9 oder 10 Jahre alt gewesen sein und ich sah sie mit ihrer Laterne auf der Zülpicher Straße entlanglatschen. Anders kann man diese Art der Fortbewegung nicht bezeichnen. Jedenfalls stand die Laterne nicht auf der Seite von Chantal Shakira. Der Leuchtbommel rutschte aus der liebevoll gekauften Papierhülle, auf der Schnappi das Krokodil in Fehlfarben leuchten sollte. Schnappi leuchtete aber nicht, weil eben der Leuchtbommel rausgerutscht war. Dies bemerkte nun auch die kleine Chantal Shakira. Und wohl nicht zum ersten mal…

Es brach aus ihr heraus: „Verdammter Fuck! Ich kotze gleich! Diese verfickte Laterne, Du Arsch loch!" Und sie schob noch ein leidenschaftlich herausgerotztes „Oh Mann!" hinterher.

Während der Schimpftirade auf Schnappi drösel-te sie den Leuchtbommel wieder zurück in die Laterne und betrat genau eine halbe Sekunde nach ihrem enervierten „Oh Mann!" die Metzge-rei Zippel Ecke Joseph Stelzmann Str. Eine Se-kunde nach ihrer Tirade stimmte sie mit glo-ckenklarer Stimme die alte Weise an: „Ich geh mit meiner Laterne, und meine Laterne mit mir..." Die Zippel-Verkäuferin war gerührt. „Na Du hast aber eine schöne Laterne!" „Ja, das ist Schnappi, das Krokodil, das find ich total toll."

Wunderbar. Chantal Shakira bekam mindestens eine Scheibe Bärchenwurst extra, neben Frika-delle uns Kotelett. Und ich gelangte zu der Ein-sicht, dass ich diese Flexibilität der Chantal Sha-kira sicher niemals erreichen werde.

Dass die Jungend aber nicht nur die Nase vorn hat in Bezug auf Flexibilität und wieseligem Verhalten erfuhr ich in der Straßenbahn. Einer Truppe von vier hormongestraften Pubertieren-den (zwei Jungs, zwei Mädels) lauschte ich fol-gende Weisheiten ab:

Entgegen aller Annahmen ist die Jungend nicht von Haben wollen, anhäufen von Statussymbo-len, Neid und Blendwerk geleitet und beflügelt. Hört man ihnen zu, erfährt man, dass auch bei ihnen ein gesunder Hang zu Sparsamkeit und realistischer Einschätzung vorhanden ist. Sie sprachen gerade von irgendetwas belanglosem, da sagt Mandy auf einmal folgenden Satz: „Ey, Ipod is voll unnötig!".

Undstatt dass sich jetzt zumindest die beiden Unterhaltungsversierten Jungs entrüstet über die vermeintlichen Vorzüge des modischen Musikbegleiters auslassen, höre ich von den übrigen dreien nur unisono ein zustimmendes „Hmm…".

Dann unterhielten sie sich über die jeweilige Berufswahl. Der Justin hatte da schon einen ziemlich konkreten Wunsch: „Also ich will mal so Arzt werden oder so. Das ist voll der korrekte Beruf und so. Und da geht's Kohlemässig richtig steil".

Melissa, die ihm gegenüber saß ließ sich vom pekuniären Steilheitsgrad des Berufswunsches von Justin nicht beeindrucken. Sie wusste Bescheid. Sie kannte sich in der Materie aus. „Ey, Du weißt schon, dass das voll so der Lernkrampf ist! Weißt' was ich meine?!"

Ich hatte zuerst Lenkrad verstanden und stutzte kurz. Justin ließ sich jedenfalls nicht von seinem Ziel abbringen. Er würde es schon schaffen. „Normal, aber das check ich schon.". Das ist doch mal eine gesunde Einstellung. Nur die Ruhe bewahren, sich nicht unnötig verrückt machen lassen, locker durch die Hose atmen. Aber Melissa ließ nicht locker: „Das ist so mit Anatomie und so, das ist voll schwer! Weißt Du überhaupt was Anatomie ist?" Jetzt war ich gespannt. Justin auf dem Prüfstand, auf dem heißen Stuhl, vielleicht würde sich jetzt schon die Berufswahl Justins in eine ganz andere Richtung schlängeln. Aber Justin hatte den Durchblick. Justin wusste, was Sache war, er kannte sich aus. Drei Augenpaare und ein Ohrenpar, meins, war gespannt auf Justin gerichtet. Mit einer wedeln-

den Handbewegung, als wolle er alle Zweifel fortwischen, sagte er: „Ey klar weiß ich, was Anatomie ist. Anatomie ist totes Fleisch."
So klar, so knapp und so bar jeden Zweifels steht es ganz sicher in keinem Medizinbuch. Justin ist zum Heiler geboren. Trotzdem werde ich in zehn Jahren jeden Arzt, der Hand an mich legen will erst mal nach seinem Vornamen fragen.

Im Frack ver(r)eisen

Dem Pinguin es albern schien
Und gänzlich nicht als Disziplin
Im Eis zu stehen und zu frieren
Während bei allen and'ren Tieren
Der Spaß im Vordergrunde steht

So begann er eine Reise
Erstmal raus aus all dem Eise
Um fremde Tiere zu besuchen
Er buk sehr schnell noch einen Kuchen
Doch wurd' an diesem kalten Orte
Aus dem Kuchen eine Torte
Mit Sahne, Kirschen, ach ganz schick
Als wär's gekauft, von Mövenpick

So gewappnet watschelt' er
An das nächste Meer-Ufer
Bestieg dort eine große Scholle
Nach dem Abschiedskuss für seine Olle
Und nach großem langen Winken
Dann das Bangen "Bloß nicht sinken!"

Doch von Sinken keine Spur
Die Scholle machte schnelle Tour
Und schon war seine kalte Heimat
Nur ein Streif am Horizont

Bald kam er nach Afrika

Und während er sich dort umsah
Vernahm er seltsam fremde Klänge
Gänzlich anders als die Walgesänge
Die ihm alles andere als fremd

Nun erblickte er den Sender
Unter den Augen tiefe Ränder
Gebeugt der Gang und nicht sympathisch
Zerzaustes Fell, der Blick lethargisch

Dabei ein lachendes Gemecker
Das immerfort rief „Lecker, lecker!
Aus Übersee kommt fremde Post
Und seht nur, es ist Tiefkühlkost!"

Hyänen war'n es die dies riefen
Dabei von ihren Lefzen triefen
Und langsam unser'n Freund umkreisten
Mit dem Wunsch ihn zu verspeisen

Der Pinguin fing an zu zittern
Sah er sich nun dem Tode nah
„Dafür nun die lange Reise?
Um zu Enden als Exotenspeise?
Nicht mit mir, ihr Aasgesindel!"

„Ihr bekommt mich nicht lebendig"
Schnell und überraschend auch noch wendig
Machte unser Freund ‚ne Sause
„Das nächste Mal bleib ich zu Hause"

Dacht' er noch als überraschend
Seine Flucht ein Ende nahm

Ein Löwe um die Ecke kam
An einem jungen Zebra naschend

Neugierig durch das Gekecker
Und das hämische Gemecker
Vom fiesen miesen Aasgeschmeiß
Entdeckte er das Knäuel aus schwarz und weiß

„Moment, bleib stehn, ich beiß Dich nicht
Du kleiner schwarz befrackter Wicht
So was wie Du ist mir noch neu
Das mir, dem Königs-Leu"

Die Hyänen mussten sich nun trollen
Denn das letzte was sie wollen
Ist Ärger mit der Tiere Boss
Weshalb die Brut von dannen schoss

Einmal hatte sich ein Tier erdreistet
Dem Löwen Widerstand geleistet
Es wollt' bescheißen ihn beim Bingo
Da wurd's aus Afrika verbannt: es war der Dingo

Der Pinguin war sehr erleichtert
Um neue Lebensspanne nun bereichert
Dass er dem Löwen recht devot
Seine Dienste gleich anbot

Der Löwe wollte erst mal wissen
Wie so ein kleiner kalter Mann
Scheinbar recht schlau und auch gerissen
In die Serengeti kam

Es waren alle Tiere schnell versammelt

Auch das Gnu das sonst nur gammelt
Okapi, Zebra und Giraffe
Warzenschwein und Menschenaffe
Geier, Kondor und Mandrill
Saßen friedlich und ganz still
Um zu lauschen und zu hören
Ohne einmal nur zu stören
Was der kleine fremde Freund
Aus der Arktis zu berichten hatte

Gestaunt wurd' viel und auch gerunzelt
An manchen Stellen auch geschmunzelt
Doch in einem war'n sich alle einig
Der Pinguin war augenscheinlich
Ein sehr netter kleiner Kerl

Spät in der Nacht war er dann fertig
Und alle waren hingerissen
Wollten den Pinguin nun nicht mehr missen
Doch dieser fing bald an zu schwitzen
Ja ohne Laufen, selbst im Sitzen!

Auch schmerzte ihn sein kaltes Herz
Es drängte ihn zurück: Heimwärts…
Wurd' er auch gefeiert wie ein Fürst
Dacht er doch weh und auch bestürzt
An das Eis, den Schnee und seine Olle
Er rief laut „Heim! Ich brauch 'ne Scholle!"

Die Wüstentiere war'n bewegt
Und sahen zu, dass was entsteht
Einem Eisberg nicht unähnlich –
Aus Kokos, Sisal, Palmen nämlich

Nach langen, feuchten Abschiedsgrüßen
Und viel Sand an seinen Füßen
Bestieg er sein Ersatzgefährt
Nachdem er noch kurz erklärt
Sie sollten ihn doch mal besuchen
Auf Eiskaffee und lecker Kuchen

Die Pseudo-Scholle machte gute Fahrt
Und der Pinguin – so seine Art –
Fing hier und da 'nen Fisch
So dass die Zeit sehr schnell verstrich

Bald war er zurück am Ort
Wo begann er seine Sause
Und war er doch nicht lange fort
So weinte er: „Ich bin zu Hause!"

Schnell umringt von den Kollegen
Die wissen wollten wo er war
Musste er kurz überlegen
„Bevor ich wieder mal wegfahr',
Sei's in den Norden, Osten, Westen,
zu Hause ist es doch am Besten!"

Er war der Pinguine Magellan
Ein Weltenbummler und Entdecker
Erzählte von Hyän'-Gemecker
An dem Ort an den er kam
Um Freund zu werden mit den Tieren
Die - nicht wie er - auf allen vieren
In Afrika ihr Dasein fristen

Ein großer Kerl, der kleine Vogel
Drum macht's ihm nach

Verreist recht viel
Das Leben ist ein Reisespiel
Doch vergesst bei allen fremden Wonnen
Niemals das nach Hause kommen!

Ich möchte so gern mit Muscheln kuscheln

Alle wollen immer Katzen
Die mit Krallen an den Tatzen
Ständig Möbel uns verkratzen
Ich möchte keine Katzen

Alle wünschen sich 'nen Hund
Doch der ist dämlich und verdummt
Es trieft und lärmt sein stinkend Schlund
Nein ich möcht auch keinen Hund

Von Vögeln möchte ich gar nicht reden
Das macht man statt 's sich zuzulegen
Sie krächzen, kacken und krakeelen
Und Elstern tuen sogar stehlen

Ich möchte gern mit Muscheln kuscheln
Muscheln haben weiche Bärte
In diesen kann man herrlich wuscheln
Gewiss auch eine leichte Härte
Doch damit mir ein Spiegelbild
Außen rau doch innen mild
Muscheln machen kein Gezeter
Akustisch wahre Leisetreter
Dankbar sind sie, herzensgut
Am liebsten mir im Weißweinsud!

Ode an den Stacheligen

Die Rose welkt und Tannen nadeln
Vergessen sind Vergissmeinnicht
Die Tulpe kann es schnell verhageln
Auch sie verträgt den Winter nicht

Das Veilchen ist von feiner Farbe
Der Krokus bricht durch Schnee und Eis
Doch Du bekommst nur eine Narbe
Zeigst im Sommer kein Verschleiß

So lieb' ich Dich und juble laut
Du bringst mir niemals solch Verdruss
Komm her und sei mein Argonaut
Denn Du bist stark, bist ein Kaktus!

Vielen Dank für Ihre Aufmerksamkeit, besuchen Sie mich doch mal unter www.alf-iron.com.